A Deusa

Aprenda a descobri-la e a cultuá-la em todas as suas manifestações

Manual Prático

Teresa Moorey

A Deusa

Aprenda a descobri-la e a cultuá-la em todas as suas manifestações

Manual Prático

Tradução
NEWTON ROBERVAL EICHEMBERG

EDITORA PENSAMENTO
São Paulo

Título do original:
The Goddess

Publicado originalmente em inglês por Hodder and Stoughton Ltd.

O primeiro número à esquerda indica a edição, ou reedição, desta obra. A primeira dezena à direita indica o ano em que esta edição, ou reedição, foi publicada.

Edição	Ano
1-2-3-4-5-6-7-8-9	00-01-02-03-04-05

Direitos de tradução para a língua portuguesa
adquiridos com exclusividade pela
EDITORA PENSAMENTO LTDA.
Rua Dr. Mário Vicente, 374 – 04270-000 – São Paulo, SP
Fone: 272-1399 – Fax: 272-4770
E-mail: pensamento@snet.com.br
http://www.pensamento-cultrix.com.br
que se reserva a propriedade literária desta tradução.

Impresso em nossas oficinas gráficas.

Dedicatória

À Deusa, em todas as Suas formas. Que Ela resplandeça.

Agradecimento

Sou muito grata à minha amiga Jane Brideson pelo encorajamento, pelos conselhos e pelos livros emprestados! Agradeço também a Jane por suas maravilhosas ilustrações para este e outros livros.

Sumário

1 Por que a Deusa?

Quem quer que não consiga retornar ao primordial não tem raízes na vida, mas definha como a grama. São os mortos-vivos, órfãos da Grande Mãe.

Dion Fortune, em *The Sea Priestess*

A presença do Feminino tem sido raramente observada no âmbito da divindade ao longo dos últimos 2 mil anos. Parece que esse fato se aplica, em geral, a todas as principais religiões do Oriente e do Ocidente, enquanto a mitologia daqueles que costumamos chamar de povos "mais primitivos" é consignada a um provincianismo conceitual. Onde está a Deusa? – e importa que, aparentemente, Ela tenha se perdido?

Alguns diriam que Ela não se perdeu. A divindade é realmente o Grande Não Manifesto, que não é macho nem fêmea – ou talvez seja ambos. Apesar disso, Deus é sempre chamado de "Ele". Não tem sentido dizer que um pronome não é importante, pois as palavras são símbolos, e os símbolos provocam associações mentais. "Ele" significa masculinidade, e essa questão é importante na medida em que o pronome masculino é em geral utilizado quando o gênero é indistinto, ou composto. Outros podem sentir que há algo não muito "agradável" na idéia de uma Deusa – a antiqüíssima associação entre o Feminino e o subversivo não desapareceu. Estamos assistindo à ordenação de sacerdotes femininas – vejam bem, elas não são chamadas de "sacerdotisas"! – e embora, sem dúvida, esse seja um passo na direção correta, tem havido violenta oposição a ele. Uma declaração memorável afirmando que as sacerdotes femininas deveriam ser queimadas como bruxas chegou mesmo a aparecer na mídia – a isso se liga uma história que examinaremos mais adiante.

Implicações da perda da Deusa

O que a perda de nossa Deusa poderia significar para o mundo? Em primeiro lugar, significa com certeza que as mulheres e todas as coisas femininas são percebidas como inferiores. É difícil enxergar como isso poderia ser diferente. A Virgem Maria, bem-amada dos católicos, é a imagem estabelecida no Ocidente que está mais próxima da Deusa, e Maria é tão importante que a doutrina de sua assunção ao céu foi declarada na década de 40. Há, em Maria, muitos traços da antiga Deusa Mãe, e para muitos católicos devotos ela é Deusa em tudo exceto no nome. No entanto, sua posição de Virgem Mãe exalta apenas parte do Feminino, e como modelo de um papel ela apresenta uma impossibilidade – uma mãe que concebeu sem antes ter tido relações sexuais. Mais que isso, Maria não é admitida nas honras mais elevadas. Ela é objeto de extrema veneração, mas não adoração, pois isso é reservado a Deus. A bela imagem de Maria, infelizmente, parece favorecer pouco as mulheres e o Feminino.

Talvez a implicação mais significativa da morte da Deusa tenha sido a perda de um sentido de imanência. "Imanência" implica que a divindade existe no interior da matéria, que tudo é divino, tudo é sagrado. A antiga Deusa Grande Mãe não somente reinava sobre a vida – Ela existia na vida. Isso significava que a colina e o rio eram sagrados. Significava que atividades humanas como a tecelagem, a olaria, o plantio eram também uma expressão do sagrado, e que tudo existia dentro de um todo – uma "santidade" que significa "totalidade". A concepção posterior de um Deus Pai, que existia do lado de fora da Sua criação, subtraiu ao mundo vida e maravilha.

Isso queria dizer, por implicação, que o mundo da matéria está aí para ser explorado, e portanto desprezado, uma vez que foi estabelecido à parte da abóbada espiritual de Deus, e em posição inferior a ela.

As palavras "matéria" e "mãe" têm a mesma raiz. Não é difícil reconhecer como a separação da divindade relativamente à Sua criação tem sido uma má notícia para as plantas, os animais, o corpo humano, as mulheres e a sexualidade, isso para não mencionar o ecossistema, pois o que não é divino é defeituoso e suspeito; na verdade, é mau, e pode ser usado à vontade, embora deva ser evitado. A Deusa, que abençoou o amor sexual, cujo mistério era reverenciado em cada broto que nascia, foi embora. Em Seu lugar, ergueu-se um Deus divorciado, que governa sobre uma criação estéril.

Divisões e separações

A separação da divindade com relação à Criação pode ser vista como uma metáfora da separação entre a consciência egóica e uma condição mais instintiva, na qual os seres humanos sentiam estar em unidade com a Terra e com o cosmos, e onde tudo existia dentro da Grande Mãe – examinaremos a Grande Mãe e Seus significados no capítulo 2. A consciência egóica significava que os indivíduos eram mais aguçadamente cientes de sua singularidade e de seu poder para produzir mudanças no meio ambiente. Se for esse o caso – e nunca poderemos estar inteiramente seguros a respeito de processos históricos – então há poucas dúvidas de que essa constituiu uma fase necessária do desenvolvimento humano. No entanto, com o tempo, isso teria levado ao medo da antiga Grande Mãe, que continha tudo dentro de Si, de maneira amorfa. Uma vez que um ego frágil teme ser inundado pela maré de imagens vindas do inconsciente, talvez um sentido do Eu em desenvolvimento nos seres humanos tenha temido a totalidade instintiva original. Mitos transformam a velha Deusa num dragão ou monstro e descrevem Sua derrota por um deus herói masculino. Um exemplo disso é a antiga deusa babilônica

Tiamat, dama-dragão das profundezas primordiais, que é vencida pelo seu tetraneto Marduk.

A velha Deusa abrangia tanto a criação como a destruição, tanto o útero como o túmulo, admitidos como um misterioso *continuum*. Para um ponto de vista mais desprendido, isso ficou incompreensível. O elemento destrutivo era menos entendido como parte do todo, e gradualmente evoluiu para a idéia de uma força maligna separada. Desenvolveu-se um abismo conceitual entre uma idéia de bem e uma idéia de mal, e em ambos os lados desse abismo idéias opostas se agruparam. No lado do mal juntou-se a mulher, a destruição, o corpo, o sexo, o terrestre – em suma, todas as coisas que tinham sido previamente reconhecidas como necessárias e que eram consideradas sagradas. É interessante observar que, à medida que essa separação ocorria, a sociedade, ao que parece, foi ficando mais violenta, com guerras e conquistas ganhando impulso. O medo e a separação produziram conflitos.

À medida que as eras se passaram, o mal foi personificado como Lúcifer, o diabo, que se alinhou contra Deus. A mulher, a carne e o diabo foram reunidos como um embrulho pernicioso e perigoso, e surgiu uma contradição que ocupou os teólogos durante séculos: como e por que pode um Deus onipotente tolerar esse tormento ao Seu lado? Muitas respostas foram dadas a essa pergunta, algumas bastante complexas. No entanto, para os antigos adoradores da Deusa, não havia contradição, mas apenas veneração. A criação e a destruição constituem parte de um *continuum* significativo e são, ambas, uma expressão da Deusa, que não deixa dúvidas a respeito de ser uma agente da morte bem como da vida. É interessante notar que a crença num Satã rebelde contraria o texto bíblico "Formo a luz e crio a escuridão: faço a paz e crio o mal: Eu, o Senhor, faço todas essas coisas" (Isaías 45:7).

O culto à Deusa nos dias atuais

A reaceitação da Deusa poderia fazer muito para curar as divisões, encorajando-nos a encarar todos os aspectos da nossa natureza e a pensar profundamente antes de condenarmos alguém ou algo como "mau". No entanto, o culto à Deusa não é um convite para fazermos exatamente aquilo de que gostamos, pois traz consigo uma percepção da teia cósmica, e de como cada ação afeta o todo e afeta a nós. Não há dogma, e a única regra é "não lesar ninguém", mas, o ideal é que se tenha uma grande dose de responsabilidade pessoal.

O paganismo que, na maioria das vezes, é veneração à Deusa, está desfrutando um renascimento considerável. Alguns caminhos pagãos têm uma estrutura tênue, ao passo que outros, como o da Wicca, são relativamente bem organizados. Todos eles exaltam a Deusa como, no mínimo, igual a Deus, e até mesmo a tradição nórdica do deus Odin tem hoje uma representação paritária de divindades femininas. Além disso, há muitos pagãos radicalmente feministas que pensam na Deusa isoladamente. Num sentido mais geral, há um número considerável de mulheres que estão procurando em imagens e histórias da Deusa uma fonte de inspiração, embora possivelmente não designem a si mesmas pelo termo "pagãs". Isso não faz diferença, pois não há catecismo da Deusa para causar agonias de consciência. A Deusa aceita todos os que vêm até Ela de maneira aberta.

O culto à Deusa diz respeito àquilo que você faz e sente, diz respeito às suas verdades interiores, àquilo que o inspira, que o envia para as jornadas da alma. É uma questão de instinto, que encoraja a participação e desenvolve o misticismo. Fomos levados a pensar na religião como um conjunto de regras, com o certo e o errado claramente definidos e a punição esperando por aqueles que se desviam do caminho. O culto à Deusa não se assemelha a isso. Descarta a necessidade de sistemas cristalizados, que em vez de criar ordem têm dado lugar a lutas. A Deusa pede que sejamos verdadeiros para conosco, de modo que possamos ser verdadeiros para com outros e verdadeiros para com Ela. Ela abençoa nossas esperanças, deleita-se em nossos prazeres e tece no Seu tear as nossas perdas e os nossos prantos, de modo que eles criem padrões significativos e uma certa beleza.

Este livro não trata de um aspecto particular do culto à Deusa. Trata da imagem da Deusa e de como essa imagem tem evoluído e adquirido forma. Se você quiser explorar caminhos específicos, poderá ler duas outras obras, *Witchcraft – A Beginner's Guide* e *Paganism – A Beginner's Guide*, desta mesma série (ainda não publicados em língua portuguesa). Esses livros fornecem mais informações a respeito das diferentes formas de culto à Deusa atualmente disponíveis e estabelecidas.

O culto à Deusa como parte de uma cultura

A Deusa não é "Deus travestido". Ela não está sentada nas nuvens vestindo um peitoral tamanho P. Como nos velhos tempos, Ela está dentro de nós e ao nosso redor. Exaltar o Feminino não significa colocar uma mulher, em vez de um homem, na chefia de uma organização; significa uma reavaliação radical de funções e de abordagens, que estimule uma cooperação maior. Há muitos caminhos a se explorar nos quais as mulheres podem ser dotadas de maior poder e autodeterminação sem sentir que têm de "tornar-se" homens. Explorar esses caminhos num *status quo* dominado pelos homens pode parecer algo forçado, e devemos começar valorizando realmente as qualidades femininas que unem em vez de diferenciar, que aceitam em vez de competir, que recebem em vez de impor. Parece que temos de sentir o nosso caminho, pois não temos certeza do que exatamente possa ser a "feminilidade" – por exemplo, há muitas deusas guerreiras e muito espaço para a ferocidade no âmbito do Feminino. Precisamos investigar – com respeito, tentando abandonar nossos velhos padrões de comparação.

Muitas formas da divindade

Os leitores pouco familiarizados com o conceito de divindade pagã podem ficar confundidos com o fato de que há muitas deusas, e não uma única Deusa – e, não obstante, há somente uma, sendo todas elas a mesma. As idéias pagãs defendem a diversidade no Divino, bem como no mundo natural, sentindo que isso retém mais potencial e cor. O fato é que isso cabe a você. Você pode pensar numa Grande Mãe, se quiser, ou considerar muitas deusas expressando diferentes funções. Pode perceber todas essas deusas como aspectos da Única, ou imaginar diferentes denominações em diferentes épocas – o que importa é o que *você* achar mais inspirador. Se a sua psique exigir clareza, então uma única Deusa pode lhe servir melhor. Não existe um caminho único que seja o "correto", mas há um caminho correto para você, e esse caminho é a sua própria via de inspiração.

Nas páginas seguintes, abordaremos diversos mitos da Deusa, extraídos das mitologias grega, celta e outras. Essas histórias provêm de épocas distintas e foram escolhidas para ilustrar um aspecto da Deusa – não pretendem compor uma imagem cronológica. Linhagens do mito são tecidas e entretecidas, evoluem e mudam à medida que os séculos se sucedem. Originalmente, parece que havia uma Deusa Grande Mãe, mas nem todos os estudiosos concordam que a "Deusa de muitos nomes" seja uma Deusa única. Muitas mitologias têm um mito criador, que parece ter se diversificado gradualmente nos vários aspectos da Deusa, incluindo até mesmo deuses masculinos. Nos panteões posteriores, notavelmente no grego, o elemento masculino fica mais poderoso. Os deuses olímpicos da Grécia são governados por Zeus Pai, cuja contrapartida romana é Júpiter, Rei dos Deuses. Nesses agrupamentos, as deusas com freqüência assumem um papel um tanto inferior. Não obstante, os panteões posteriores têm as histórias mais bem definidas, e em geral é possível discernir o padrão mais antigo, orientado em função da Deusa, se se olhar mais de perto.

O patriarcado em perspectiva

Nas páginas seguintes, poderá parecer, às vezes, que o patriarcado e todas as coisas masculinas recebem como que uma agressão. É difícil evitar isso devido às circunstâncias, mas creio que devemos lembrar, por mais surpreendente que possa parecer, que o patriarcado não foi apenas uma criação do macho humano. As mulheres são iguais aos homens em inteligência (alguns diriam: *no mínimo* iguais). Embora o nosso vigor seja maior que o dos homens, nossa força física pode não se equiparar, na média, à deles, mas a discrepância não é muito grande, e houve, em muitas culturas, tradições guerreiras femininas. Tendo isso em mente, parece que em algum lugar, ao longo do caminho, as mulheres aquiesceram na exaltação da masculinidade, e embora não se possa negar que houve um forte elemento de intimidação, o patriarcado irrompeu nos ventos da mudança, em algum lugar ao longo das eras. Até mesmo hoje o patriarcado é, em grande medida, escorado por mulheres — no final das contas, são mães e tias que seguram as meninas pré-adolescentes, aos gritos, na prática infame da circuncisão feminina, e são elas, as mulheres, que fazem a incisão na parte mais delicadamente sensível da anatomia feminina, o clitóris.

A raiva com relação aos homens e ao patriarcado é inegável e compreensível. A sensação de ultraje é imensa. Felizmente, no entanto, isso não deveria nos privar de uma abordagem razoável. Os homens não devem ser considerados individualmente culpados pela situação, e embora muitas mulheres ainda possam suportar a dominação masculina, outras, em número crescente, estão se voltando para uma consciência da Deusa, e sentindo e expressando imensa tristeza pelo que tem sido feito às coisas femininas. Na verdade, é duvidoso que muitos homens tenham se beneficiado do patriarcado, pois eles também têm um lado feminino, que tiveram de enterrar ou amputar, e a postura "machista", bem como a competição, cobraram uma taxa sobre a sua saúde. É do interesse de todos que recuperemos nossa Deusa, e também que mantenhamos nosso senso de proporção. A mensagem da Deusa diz respeito ao poder feminino e inclui selvageria e rebelião. Mas, em sua maior parte, diz respeito à inspiração e ao despertar para uma nova consciência. Os homens também precisam disso, e, portanto, este livro também se destina aos homens interessados nos temas da Deusa.

História

Neste livro, pressuponho a existência de uma cultura da Idade da Pedra que foi predominantemente pacífica e venerou a Grande Mãe durante eras, e começaremos com isso no capítulo 2. Durante muitos anos, aceitou-se que a história era um processo linear de ascensão e queda, sucessão de raças e invasões, e os historiadores elaboraram "metanarrativas" – interpretações completas e confiantes do passado, as quais também implicavam, sutilmente, certas atitudes com relação às instituições do presente. A maioria de nós cresceu com a idéia de que o passado era mais dominado pela agressão masculina que o presente – a idéia do homem das cavernas, clava em punho, arrastando pelos cabelos sua futura companheira está embutida em nossas imagens da pré-história. No entanto, há também uma metanarrativa feminista, expressa da maneira mais vívida pela arqueóloga Marija Gimbutas (ver Bibliografia recomendada), que argumenta a favor de uma Europa centralizada na mulher, durante a Nova Idade da Pedra.

Em *Lady of the Beasts* [Senhora das Feras] (ver Bibliografia recomendada), Buffie Johnson conta-nos que: "A concepção de um Deus masculino e a de estruturas sociais patriarcais são, ambas, desenvolvimentos comparativamente recentes [...] A sociedade humana formou-se em torno da mãe e de seu filho, e não do pai [...] Não existia vestígio algum de organização patriarcal, tanto no casamento como na moralidade, na cultura primitiva." Se olharmos para todo o panorama da história, as prioridades dos últimos 2 mil anos constituem a exceção, não a regra. Houve muitos estudiosos que acreditaram numa cultura centralizada na mãe, numa Idade da Pedra universal, veneradora da Deusa e predominantemente pacífica.

A tendência atual caminha no sentido de uma abordagem mais aberta, em que os estudantes são encorajados a examinar os fatos e fazer as suas próprias interpretações. O dr. Ronald Hutton, professor de história na Universidade de Bristol, defende vigorosamente essa abordagem independente numa recente edição de *The Ley Hunter*. Ele afirma:

> *[...] alternativas aceitáveis devem existir no âmbito das fronteiras das evidências conhecidas [...] Até mesmo quando se lida com o Neolítico europeu, há limites para o possível. É perfeitamente possível, e em alguns casos muito provável, que essas culturas fossem centralizadas na Deusa. Em contraste, não há, em absoluto, evidências de que qualquer uma delas adotasse o monoteísmo patriarcal, embora a falta de dados em algumas áreas impeça uma explicação definitiva. É igualmente possível sugerir que a maior parte das culturas neolíticas européias era centralizada na mulher no sentido social, embora os dados estejam muito mais abertos a interpretações diferentes. Nenhuma delas parece ter sido racista, algumas podem muito bem ter sido igualitárias, outras eram muito criativas artisticamente, e outras ainda certamente praticavam o sacrifício humano. A maior parte delas, pelo menos em certos períodos, guerreava [...] Se foram centralizadas na mulher, então uma sociedade centralizada na mulher não é necessariamente oposta à guerra.*

Não há prova incontestável com relação a uma veneração universal e pacífica da Grande Mãe na Idade da Pedra, e, embora haja muitos de nós que gostariam de afirmar que sim e ostentam essa declaração como uma bandeira feminista, fazê-lo seria criar um novo dogma, potencialmente tão prejudicial quanto os dogmas do Deus Pai. Desse modo, para ser imparcial, devo dizer que minha apresentação de uma Grande Mãe universal é, em alguns casos, subjetiva – embora alguns argumentem de outra maneira, inclusive vários livros da Bibliografia recomendada. Do meu ponto de vista, é uma história maravilhosa, e é uma verdade, se não *a* verdade. Com certeza é a minha verdade. Talvez, olhando dessa maneira para o passado, possamos dar a nós mesmos esperança para o futuro, e conjurar em nosso mundo a beleza residente e a reverência da Deusa.

Exercício

À medida que iniciamos nossa exploração da Deusa e de Seus significados, talvez você queira dedicar algum tempo para pensar a respeito do que tudo isso implica. O que poderia significar a reinstalação do Feminino? O que é, na verdade, o Feminino? De que maneiras os assuntos relacionados com o feminino foram negligenciados, desprezados, perseguidos? Como os problemas poderiam ser mais bem resolvidos pelo culto à Deusa? Qual é sua própria imagem favorita da Deusa, e o que Ela significa na sua vida? Talvez você tenha mais de uma imagem. Em que esse relacionamento se parece com aquele que você mantém com a sua mãe? Como poderia uma cultura mais matriarcal ou uma poderosa imagem da Deusa ter ajudado nas questões importantes? Sua mãe foi capaz de passar um modelo forte e completo do Feminino para você? Se não foi, onde você acha que esse modelo falhou? – por exemplo, as mulheres eram consideradas dependentes dos homens, principalmente as mães, destinadas apenas para certos papéis na vida, etc.? Anote, se quiser, todas as coisas que lhe parecerem relevantes.

2 A antiga Grande Mãe

Sou aquela que antes da formação da Terra
Era Ea, Binah, Gê
Sou esse mar silencioso, ilimitado e amargo
De cujas profundezas a vida brota eternamente...

Invocação extraída de *The Sea Priestess*, de Dion Fortune

No decorrer das imprecisas eras da Idade da Pedra, a antiga Grande Mãe reinava sozinha. É fantástico imaginar aquelas épocas – rituais de caça, histórias urdidas na fumaça das fogueiras à boca das cavernas, sonhos de um povo esquecido. Porém, nos secretos recônditos da sabedoria do nosso corpo eles são lembrados, codificados em nosso DNA, e quando, à noite, deixamos nosso mundo de conforto industrializado, ingressamos no mundo deles, em nossos sonhos.

Estamos acostumados a presumir, convencidos, que a passagem do tempo significa progresso, que o presente é sempre melhor, mais avançado que o passado, e que, quanto mais distante no passado estiver uma coisa, mais rudimentar e ignorante. Esse não é necessariamente o caso. Pode ser que os seres humanos pré-históricos tivessem algum conhecimento. O psicólogo Carl Gustav Jung afirmou que a história e a experiência combinadas da humanidade estão contidas na mente inconsciente, e que, sob as camadas da percepção cotidiana, assentam-se muitas camadas de conhecimento de geração após geração. Isso significa que a personalidade assemelha-se, mais propriamente, a uma escavação arqueológica, ou a um *iceberg*, com a maior parte escondida sob a superfície. Em algum lugar profundamente enterrado em nosso interior residem a mulher e o homem das cavernas, e talvez essas pessoas tenham feito mais do que agitar clavas e grunhir. Talvez tenham a chave para algumas coisas que perdemos.

A primeira imagem de vida identificada pela humanidade foi, ao que tudo indica, a da Mãe. Logicamente, o Ser Supremo parecia inegavelmente feminino, pois o nascimento pertencia a Ela, e desse modo, por extensão, também a morte e o renascimento. O corpo feminino contém dentro de si o mistério do nascimento, o que, por analogia, é o mistério do invisível tornando-se manifesto por todo o cosmos – e assim a Mãe, com todos os significados que a acompanham, torna-se o mistério da própria vida. Essa imagem, cultuada na arte, chegou até nós vinda provavelmente de uma época tão antiga quanto 20000 a.C., tendo se desenvolvido ao longo da Idade do Bronze e da Idade do Ferro e existindo ainda, até certo ponto, na atualidade.

Imagens femininas

Muitas figuras femininas foram desenterradas, entalhadas em marfim de mamutes, em ossos ou em pedras. Essas figuras, com freqüência, apresentam o ventre ou as nádegas dilatadas, sugerindo gravidez, com seios abundantes e pendulares e coxas generosas. Alguns dos exemplos mais conhecidos são a Deusa de Laussel, uma escultura de 43 centímetros de altura, proveniente de Dordogne, na França, datada de algo entre 22000 a.C. e 18000 a.C.; a Deusa de Willendorf, na Áustria, uma estátua de pedra calcária, com onze centímetros de altura (20000 a.C. a 18000 a.C.); e a deusa em argila refratária, vinda de Dolni Vestonice, na Tchecoslováquia, datada de um período semelhante, com 11,5 centímetros de altura.

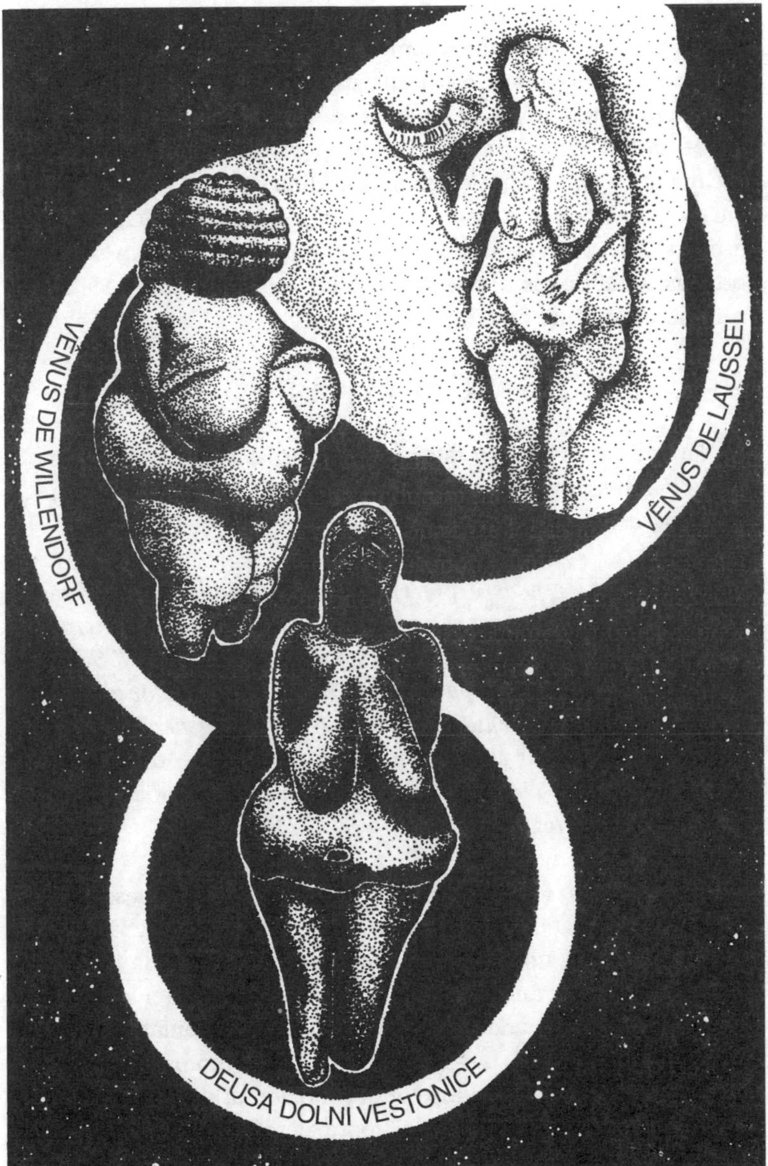
VÊNUS DE WILLENDORF
VÊNUS DE LAUSSEL
DEUSA DOLNI VESTONICE

São figuras enraizadas, sólidas, cercadas por uma estranha e poderosa atmosfera, resumindo temor e veneração com relação ao processo criativo. Podemos ouvir sua magnífica história, se a escutarmos. Figuras masculinas semelhantes não foram desenterradas. Essas não são meras figuras de mulher, pois incorporam o drama do nascimento – têm a aura do sagrado. Muitas figuras foram pintadas com ocre vermelho, a cor da vida. Algumas foram feitas com as pernas afuniladas, presumivelmente para que pudessem ser transportadas, quando isso fosse necessário, e em seguida fincadas no chão para um ritual ou culto.

Cavernas

Não causa surpresa o fato de as cavernas serem vistas como o útero da Deusa da terra. Baring e Cashford (ver Bibliografia recomendada) escrevem:

> *A história da grande deusa primordial é contada nas cavernas do sudoeste da França, por meio da arte e dos rituais que ocorreram em seu interior. Pois durante pelo menos 20 mil anos (de 30000 a.C. a 10000 a.C.) a caverna paleolítica parece ter sido o lugar mais sagrado, o santuário da Deusa e a fonte do seu poder regenerador [...] Para aqueles que teriam vivido num mundo sagrado, a atual forma oca simbolizaria seu útero que tudo contém, que gerava os vivos e recebia de volta os mortos.*

A coragem do fervor religioso deve ter inspirado essas pessoas a introduzir-se sorrateiramente através de passagens subterrâneas, às vezes por mais de uma milha, para dentro do ventre da terra, para decorar imensas câmaras subterrâneas com imagens sagradas. Estalactites eram pintadas com pontos, para representar seios, e por toda parte ao longo das paredes corriam e saltavam os animais selvagens da época, proclamando o poder da Deusa. As fêmeas dos animais pareciam ocupar lugar de honra nessas câmaras, que eram, sem dúvida, o cenário de maravilhosos rituais.

Símbolos

Muitos símbolos eram utilizados com relação à Deusa. A ligação dos ciclos da vida com a Lua, que será discutida num capítulo posterior, era observada pelos moradores das cavernas. A Lua é representada simbolicamente pelo chifre do bisão, que se vê nas mãos da Deusa de Laussel, e entalhes eram freqüentemente marcados em conjuntos de sete para marcar os dias das quatro fases lunares.

Asna

A asna era um símbolo importante, pois sugeria pássaro e água. O pássaro era um dos mais antigos mensageiros da Deusa, vindo, aparentemente, de lugar nenhum do céu e ligando a terra, o mar e o céu com seus poderes e com o vôo. Além disso, pássaros como os abutres, que se alimentam de cadáveres, eram vistos como agentes de renascimento. O ovo, posto pelo pássaro, era um sinal de renascimento, e figuras de deusas com volumosas nádegas, como se contivessem um ovo, foram descobertas em grande número. Muitos mitos da criação falam de um Ovo do Mundo posto pela Deusa, e a criação é concebida saindo miraculosamente do ovo, como um filhote de pássaro. Certos pássaros mergulham à procura de alimento, desaparecendo sob a superfície da água por algum tempo para depois, emergir das profundezas. A água foi considerada a fonte de toda a vida, como as águas do útero. Tanto o pássaro com as asas estendidas como as ondas sobre a água são representados por asnas e por ziguezagues, dando a eles, desse modo, um significado sagrado.

Espiral

A espiral também é uma forma produzida pela água em redemoinho. Ela representa a entrada e a saída da manifestação, que ocorrem respectivamente no nascimento e na morte, e sugerem a continuidade e o mistério do renascimento. A espiral é um motivo recorrente relacionado com a Deusa, posteriormente associado ao tema do Labirinto, em Creta. Como prova disso, a espiral também significa iniciação no conhecimento oculto – um tipo de morte e renascimento. A serpente, um animal com muitos significados, é também sugerida pelo labirinto/espiral. As serpentes foram sagradas para a Deusa durante milênios, mas foram rebaixadas pela tentação de Eva. A espiral é ainda a forma para a dança ritual, e é reconhecida nos símbolos populares dos que cultuam a Deusa na atualidade.

Triângulo

O triângulo também foi utilizado para representar a Deusa, e pode ser visto como um cálice, ou significando os órgãos genitais. Triângulos, labirintos e asnas foram descobertos entalhados em imagens feitas de ossos desde cerca de 30000 a.C. a 20000 a.C.

Rede

A rede também aparece com significado simbólico desde a Era Paleolítica. O cosmos pode ser visto como uma rede que contém toda a vida. Imagens posteriores mostram deusas fiando ou tecendo a vida num tear, e essa associação prevaleceu até mesmo com a Virgem Maria, que é representada fiando numa pintura do Alto Reno, de cerca de 1400 d.C. Essa pintura mostra Maria com o Filho Deus no ventre e o fio do seu fuso passando pela testa da criança e indo até suas mãos. Podemos aqui reconhecer em Maria a imagem da Criadora. Muitas das atividades mais primitivas, como o plantio, a cerâmica, a fiação e a tecelagem, são carregadas de metáforas sagradas, pois nos tempos primitivos todos os processos da vida eram considerados sagrados, todos eram aspectos da Deusa e, em sua maioria, eram praticados por mulheres. Essa consciência do viver sagrado se conserva até os dias de hoje entre os nativos americanos.

Nó

Decorrente da rede, o nó, estimado pelas sacerdotisas cretenses, significa mistério. A cultura cretense venerava a Deusa numa paz aparentemente ininterrupta, apresentando uma progressão contínua desde o Neolítico até a Idade do Bronze, e preservando uma imagem da unidade da vida e de sua alegria exuberante. A figura da sacerdotisa/deusa vinda de Creta, trajando uma saia característica em forma de sino, segura serpentes em ambas as mãos, acima dos seios gloriosamente nus. Quando olhamos para um nó, não podemos vê-lo em sua totalidade – sabemos que há ligações, complicações significativas que não conseguimos abranger num olhar. Assim como a espiral e o labirinto, o nó pode significar a passagem para dentro do mundo visível e a saída dele. Também apresenta ligações com os feixes de junco da deusa sumeriana Inanna. Atualmente ainda é costume entre as mulheres usar uma echarpe amarrada em nó em torno do pescoço, e os homens de negócios, trajando ternos sóbrios, usam gravatas com nós – com freqüência de cores brilhantes. Seria uma reverência indireta à Deusa?

Cruz ansada

Um símbolo muito conhecido desde o Antigo Egito é a cruz ansada. Pode também ser vista como um nó. É igualmente interpretada como a união entre o masculino e o feminino, com o laço feminino acima da cruz masculina. Além disso, pode representar os órgãos genitais femininos ou a "toalhinha" menstrual da deusa Ísis.

Você poderá encontrar mais informações a respeito desses símbolos e de seus significados em *Interpreting Signs and Symbols – A Beginner's Guide* (ainda não publicado em língua portuguesa).

Os mitos mais antigos

É provável que os antigos seres humanos tenham vivido num tempo do sonho místico, com um constante senso de totalidade e significado. Encerrados dentro do útero da Grande Mãe, cada um sentia que era parte de algo maior. O renascimento não era uma promessa, mas uma realidade. A Deusa Mãe sustentava tudo, causa e efeito, evento e explicação, vida e morte dentro de Si. Ela produzia, transformava e preservava. Os mortos eram reconduzidos a Ela, para que pudesse devolvê-los, de alguma maneira, à vida.

No entanto, viver no âmbito desse *continuum* é diferente do fato de ser um agente de mudança dentro dele. Os seres humanos não eram apenas parte da vida e da morte: para viver, tinham de ser causa da morte de outras criaturas. Isso pode ter representado para eles um paradoxo e uma ameaça, pois, quando se sente que o *continuum* foi rompido, então a morte se torna assustadora, e a separação e a perda passam a ser uma realidade. Esse pode ser um dos aspectos da idéia de "cair em desgraça".

E assim, no âmbito do mito da Grande Mãe, que tudo abrange, o mito do caçador se desenvolveu – rituais para aquele que deve matar e violar a unidade. A prática do xamanismo cresceu, o que na verdade, é uma tentativa intencional de preservar a unidade mística e de canalizar o Divino para o aqui e agora. Cashford e Baring afirmam: "O mito da Deusa contém o mito do caçador, mas o mito do caçador não pode conter o mito da Deusa." As cavernas, com as pinturas em seu interior, representam literalmente esse fato de um mito conter o outro, e, sem dúvida, ritos complexos envolviam a caçada, a fim de preservar a unidade e de venerar os espíritos dos animais abatidos.

O filho-amante

A Grande Mãe paleolítica é quase andrógina. Representada, às vezes, em figuras dotadas de um longo pescoço semelhante ao dos pássaros, esse pescoço também pode ser visto como fálico. O papel do macho na procriação pode não ter sido compreendido, e desse modo o útero deve ter parecido quase um lugar mágico para a geração. A representação mais antiga do masculino com relação à Deusa foi sob a forma de animais, e esses eram uma emanação, uma manifestação do Seu poder dinâmico. Com relação a isso, o touro é um dos mais conhecidos, e é um fato interessante que um corte transversal do útero e dos ovários se pareça com uma cabeça de touro. Isso teria sido observado, pois os cadáveres eram freqüentemente deixados expostos para ser consumidos por abutres. Um santuário descoberto em Catal Hüyük, na Turquia, de cerca de 6500 a.C., mostra a Deusa Mãe dando à luz uma cabeça de touro com chifres.

Na Era Neolítica, a humanidade descobriu uma nova maneira de participar dos mistérios do crescimento, na descoberta da agricultura. À medida que o clima se tornava mais quente e as geleiras recuavam, 2 milhões de anos de caça de animais e de coleta de frutos foram gradualmente sendo ultrapassados, porém de maneira radical, pela cultura agrária. Mulheres presidiam a semeadura, o crescimento, a colheita e o armazenamento das safras, pois as mulheres eram as portadoras de vida e podiam incorporar melhor o laço sagrado entre o visível e o invisível. As imagens da Deusa tornaram-se mais complexas, e Ela também passou a ser vista como Deusa da Vegetação. No entanto, à medida que o Neolítico progredia para a Idade do Bronze, a imagem do Deus tornou-se mais bem definida.

A imagem masculina tomou forma como o Filho-Amante da Deusa, a quem Ela dava à luz a cada ano, e que crescia até a maturidade, acasalava-se com Ela e a engravidava, morria abatido juntamente com a colheita e caindo com as folhas, viajava até o Mundo Subterrâneo, de onde mais tarde renascia como Seu próprio Filho. Sob esse aspecto, a Deusa é vista como a totalidade do ciclo sazonal, abrangendo a Terra e o cosmos. O Deus é Aquele Que Viaja – Ele é o Filho/Sol, que cresce, morre e "renasce" durante o ano. Ele é a força vital e Ele é a semente e a planta, que também cresce e morre.

Algumas feministas têm colocado em questão o valor dessa imagem, afirmando que ela provém do patriarcado e da despotencialização das mulheres, que, assim, têm de viver sua vida por meio dos seus filhos invejados e adorados. No entanto, trata-se, principalmente, de uma maneira de diferenciar as energias masculina e feminina, concebendo-as como conjuntas, cíclicas, interdependentes. Isso não sanciona o incesto, seja ele efetivo ou psíquico. A união da Deusa e do Deus era celebrada no ato sexual sagrado – o "casamento sagrado" – que devia ocorrer entre o rei e a terra. Era da terra que o rei obtinha o seu poder, e sua união simbólica com a Alta Sacerdotisa, representante da Deusa, reconhecia e abençoava esse fato.

A roda do ano

A Roda do Ano é o ciclo sazonal, distribuído em oito festas, que contam a "história" da Deusa e de Seu Filho-Amante, o Deus. Isso é observado em um crescente número de pessoas que querem recuperar um relacionamento mais antigo com a terra e com a natureza. Baseada principalmente em antigas festas celtas, a Roda começa com o ano novo celta em Samhain, ou em Halloween, em 31 de outubro, pois, para os celtas, escuridão significa princípio. Em Samhain, a Deusa é Anciã, sábia e solitária, enquanto o Deus é o Senhor do Mundo Subterrâneo. Em Yule (por volta de 21 de dezembro), Ele nasce novamente como Filho Divino da Deusa Mãe. Em Imbolc (2 de fevereiro), a Deusa é celebrada em todas as Suas formas, e o equinócio da primavera (por volta de 20 de março) é a festa da vegetação que desabrocha, enquanto a Deusa e o Deus estão crescendo para a maturidade. Sua união é celebrada em Beltane, em 30 de abril, talvez a maior das festas da fertilidade, e o ano culmina com o solstício do verão, por volta de 21 de junho.

Agora, o Deus começa lentamente a recuar e é ceifado com a colheita em Lammas (31 de julho). A colheita é finalmente celebrada no equinócio de outono, por volta de 23 de setembro, e então volta-se para Samhain.

Essa história pode ser contada de várias maneiras e tem paradoxos e sobreposições. Por trás dela, há uma visão da vida como sendo criada pelo ato sexual, e explicitamente define a sexualidade como sagrada. Em geral, esse ponto de vista não é popular em nossa cultura, mas é interessante o fato de que um termo de gíria para o intercurso sexual – um *bang* – seja usado para descrever a história da criação que é aceita atualmente – a teoria do Big-Bang!

Algumas pessoas preferem que a história se refira apenas aos aspectos cambiantes da Deusa isoladamente. Embora essa tradição seja muito antiga, está evoluindo atualmente de várias diferentes maneiras. Para descobrir mais, você poderá gostar de consultar *The Wheel of the Year – Myth and Magic Throughout the Seasons*, publicado por Hodder & Stoughton (ver a Bibliografia recomendada).

Sacrifício humano

A cultura antiga é, com freqüência, repudiada como bárbara, e embora isso seja muitas vezes altamente contestável (e não seja aceito como definição), não há dúvida de que o sacrifício humano foi praticado em certas épocas e lugares. O sacrifício de animais era popular em muitas culturas, e podemos observar seus vestígios na luta com o touro, pois este era um dos animais preferencialmente escolhidos.

Os pagãos da atualidade fazem, com freqüência, oferendas à terra, como ervas, migalhas ou vinho, oferecidos em certas épocas e/ou em localizações especiais. No entanto, o espírito por trás disso é um espírito de reconhecimento, de ação de graças e de festa. Isso é muito diferente do medo que está subjacente a muitos sacrifícios.

A crueldade é comumente alimentada por medo de algum tipo, e podemos rastrear as origens do medo até a separação da unidade primordial que era desfrutada pelo ser humano primordial. Num estado de unidade mística não há medo, pois tudo é vivenciado como significativo e abrangente – isso é atestado pelos místicos da atualidade. A polarização do desejo – essa impressão de sujeito e objeto, de estar separado da coisa ou da pessoa que você quer – é resolvida pela noção de uma divindade que reside interiormente e que anima tudo. A percepção dessa "residência interior" é o misticismo, e o culto da Deusa encoraja a revelação pessoal e sugere uma resolução do conflito do desejo ao enfatizar a imanência – embora, naturalmente, haja místicos de todas as crenças. O sentimento de que você é "um só" com a criação produz bem-aventurança e confiança.

À medida que a consciência egóica humana avançava, a unidade mística recuava, e esse foi, sem dúvida, um passo inevitável no caminho evolutivo. Juntamente com a separação, aumentou a ansiedade. Isso não aconteceu apenas por causa do medo de estar "perdido", mas também pela sensação de que a perda da "unidade" era uma violação do sagrado. E o *continuum* sagrado também foi rompido pela caça e pelo abate de animais.

Não é difícil ver que o fato de sentir medo pode produzir uma necessidade de fazer uma reparação dos crimes observados. Talvez uma forma mutilada de reconhecer o papel de cada um no *continuum* seja sentir a necessidade de "compensar" (pela generosidade que cada um possa não merecer, ou não praticar). É também confortável ter alguém para culpar – daí, o "bode expiatório". É provável que o sacrifício de seres humanos e de animais tenha sido adotado a partir dessa dinâmica. Onde há ansiedade também pode haver o medo de que a generosidade da divindade seja retirada. Se um touro/galo/ser humano não for sacrificado para derramar sangue nos campos, então, talvez no ano seguinte as plantações não cresçam, ou o Sol não retorne depois do gelo do inverno. A guerra também pode ser vista como sacrifício ritual, talvez como um impulso subconsciente. Sugeriu-se que o sacrifício humano não era praticado nas culturas centralizadas na Mãe, mas sim que foi uma inovação patriarcal posterior. A Deusa é a Mãe Morte, mas o Seu culto não exige sacrifício; Ela pede que a aceitemos e que tentemos compreendê-la, uma vez que estamos encerrados no âmbito de Sua aceitação, pois o Seu "amor é derramado sobre a terra".

Lugares sagrados de terra e de pedra

Durante o período final da Era Neolítica, por volta de 5000 a.C., foram erguidos grandes círculos de pedras. O esforço e o tempo envolvidos nessas construções são incalculáveis, e há poucas dúvidas de que apenas o anseio espiritual, definido por Jung como básico para a vida humana, foi a força motriz. Esses círculos eram estruturas complexas que demarcavam os movimentos do Sol e da Lua, e muitos deles são bem conhecidos, como Stonehenge, Avebury, Callanish e Carnac. Além disso, há incontáveis aterros ligando a terra e o céu numa metáfora sagrada. Dois exemplos são New Grange, na Irlanda do Norte, e o dólmen em Stony Littleton, em Avon. Na época do solstício de inverno, em Yule, estação de morte e de renascimento, os dedos brilhantes do Sol que retorna penetram profundamente no útero da terra, despertando-a e engravidando-a, e ela dá as boas-vindas ao seu retorno.

Esses aterros foram freqüentemente descritos como túmulos, mas essa descrição pode ser incorreta, assim como seria errado chamar nossas atuais igrejas, com seus cemitérios anexos, de túmulos. Eram lugares sagrados, cujo poder era percebido pelas pessoas ainda sensíveis às correntes de energia que se entrelaçavam sobre a superfície da terra. Os mortos eram devolvidos aos seus lares nesses lugares especiais, ao túmulo que também era o útero, à espera de renascer da terra-mãe que tudo gera. Assim, a terra é mãe morte e mãe nascimento. A Deusa lida com a morte quando isso se faz necessário e promete nascimento na devida estação, e a terra incorpora essa promessa.

Mitos e lendas

Podemos apenas reunir as lendas mais antigas da Grande Mãe a partir de fragmentos de pedras e de ossos que nos foram deixados. Para uma narrativa mais ilustrativa, temos de nos voltar para fontes mais bem definidas, que surgiram posteriormente. Uma das mais antigas figuras criadoras gregas foi a Deusa Eurínome.

Eurínome dança o mundo vivo

A mais antiga das divindades, a grande Eurínome, ergueu-se nua do caos e começou a dançar. À medida que dançava, a luz se separava da escuridão, e o mar, do céu. Ininterruptamente, rodopiava, em êxtase, criando em seu rastro um vento que cresceu luxurioso em sua direção. Voltando-se para o vento, ela o agarrou em suas mãos e o modelou na forma de uma serpente, Ófion. Eurínome e Ófion copularam e, então, sob a forma de uma pomba, Eurínome botou o Ovo do Mundo, do qual emergiram todas as vidas. Alguns mitos dizem que Ófion chocou o ovo. Outros estendem a história, contando como Ófion tornou-se arrogante e gabou-se de que fora ele a origem de tudo, e em conseqüência disso, Eurínome arremessou-o para o Mundo Subterrâneo, mantendo Sua posição suprema. Podemos reconhecer no mito de Eurínome a essência criativa do movimento, praticada ainda hoje por xamãs quando dançam trazendo para o mundo da manifestação o que vivenciaram no Outro Mundo. Para os gregos de uma época posterior, Eurínome assumiu uma importância reduzida como divindade do mar.

Mulher-aranha

No sudoeste da América do Norte, os zuni e os hopi viam a Deusa como uma grande e corpulenta aranha. A lenda conta como a Avó Aranha apanhou uma porção de terra e misturou-a com saliva para formar os primeiros seres vivos. Cobriu-os com uma capa branca mágica, feita de Sabedoria Criativa e cantou sobre eles sua Canção da Criação. Esses dois seres assumiram papéis complementares – um deles solidificou a terra enquanto o outro, denominado "Eco", tinha a função de fazer o mundo ressoar às forças da criação. Esse mito, vindo do outro lado do globo, complementa o de Eurínome, utilizando o poder gerador do som assim como Eurínome utiliza a dança. Os dois são metáforas adoráveis para o valor criativo do "brincar".

Ísis e Osíris

A Grande Ísis, Deusa do Egito, foi descrita como a forma mais completa de deusa já concebida. Embora não seja exatamente uma "criadora", incorpora todos os aspectos de divindade, e muitas das outras deusas egípcias podem ser consideradas como diferentes faces de Ísis. Hator, a deusa-vaca alada, de quem se diz, em alguns mitos, que deu à luz o mundo, é uma das personificações de Ísis, pois ambas as deusas usam uma coroa de chifres de vaca com o disco do Sol repousando entre eles. Ísis é também retratada usando o trono como coroa, pois era de sua autoridade que os faraós extraíam seu poder de realeza.

Ísis nasceu de Nut, a grande deusa do céu, que se deitou sobre seu marido Geb, a terra – essa é uma interessante inversão do formato mais usual do pai-céu e da terra-mãe. Juntamente com Ísis, nasceram Osíris, Seth e Néftis. Néftis tornou-se esposa de Seth, e Osíris desposou Ísis e juntos governaram o Egito. No entanto, Seth, o irmão negro, tornou-se ciumento da popularidade de Osíris. Durante uma noite de festa, enganou Osíris levando-o a se curvar para dentro de um baú de jóias, que foi então fechado com pregos e empurrado para dentro do rio Nilo, para que fosse levado ao mar. Finalmente acabou parando numa praia fenícia, sob uma tamargueira. O rei local derrubou a árvore para que fosse usada na construção do seu palácio, mas ela exalou um aroma tão maravilhoso que as notícias desse fato viajaram até muito longe, alcançando os ouvidos da entristecida Ísis. Graças ao seu conhecimento de magia, Ísis sabia o que isso significava e se pôs de imediato a caminho para recuperar o baú.

Chorando sobre o corpo do seu bem-amado, Ísis, por meio de suas artes mágicas, concebeu o seu filho, Hórus. Escondeu o precioso baú num remoto braço do delta do Nilo, e lutou como uma mãe solitária para criar Hórus. A partir disso, Ísis exemplifica todos os aspectos amorosos da maternidade, que são recontados em outros mitos a seu respeito, e podemos reconhecer nela uma deusa que entende o sofrimento humano. No entanto, nesse ínterim, Seth não desistira. Recuperando o esquife, cortou o cadáver de Osíris em catorze partes – vemos aqui elos com o meio-ciclo da Lua, de cerca de catorze dias. Agora, Ísis tinha a macabra tarefa de recuperar as partes do corpo do seu marido, e gradualmente, braços, pernas e órgãos internos foram encontrados entre os juncos ou afundados em pântanos. Treze partes foram reagrupadas, mas a décima quarta, o pênis de Osíris, fora engolida por um peixe. Com a sua arte, Ísis o reconstruiu, abanando o corpo com suas grandes asas para que Osíris revivesse, tornando-se rei do Mundo Subterrâneo. Hórus cresceu para vingar-se de seu tio Seth pelo que ele fizera a seu pai.

Osíris é uma forma do deus da vegetação, que ganha vida nas águas em ascensão do Nilo e morre quando elas baixam e o grão seca. Hórus, seu filho, é realmente um outro aspecto dele, e, desse modo, é um exemplo do deus Filho-Amante, enquanto Ísis é a Grande Mãe. Néftis, mulher de Seth, é mostrada ajudando Ísis, e é outro dos aspectos dela – Ísis é a aurora, e Néftis, o crepúsculo. Não obstante o seu amargo conflito, Seth é, num certo sentido, uma parte de Osíris. Ele é o gêmeo negro que vence a luz no solstício de verão, anunciando a retirada do Sol. Em Yule, no solstício de inverno, Osíris/Hórus derrota Seth – embora essas datas não sejam apropriadas para o Egito, a concepção coincide. Esses dois aspectos são, às vezes, denominados o Rei do Carvalho do Ano Crescente e o Rei do Azevim do Ano Decrescente. Ao longo de todo o ciclo, Ísis preside regozijando-se, lamentando, curando, transformando, dando à luz e também destruindo, pois o mito conta como Ísis, ao chorar, faz jorrar a morte de seus olhos divinos. Ísis é realmente uma grande deusa, e diz-se que foi a partir de seus ritos que o culto de mistérios de Elêusis se desenvolveu.

Podemos chamar Ísis para a nossa vida, abrindo os nossos braços, como as suas asas, e permanecendo de pé. Faça isso à luz do Sol ou à luz da Lua, respire profundamente algumas vezes e puxe a energia do ar bem para dentro de você, sentindo-a formigar ao longo de suas veias. Ísis mostra-nos como uma mulher pode permanecer sozinha, de cabeça erguida, não pedindo permissão a ninguém para ser quem ela é e, não obstante, ao mesmo tempo, tendo a coragem de sentir e de nutrir. Sinta a bênção da Grande Ísis espalhar-se por você num caloroso brilho.

Exercício

Para a nossa prática, voltemos à velha deusa da Idade da Pedra e tentemos redescobri-La nos aterros e nos círculos de pedra. A maneira de fazer isso cabe a você. Muitas pessoas sentem que esses locais antigos têm muitos poderes, e você poderá vivenciar isso por si mesma se os abordar com espírito de reverência e com a mente aberta. Saia ao crepúsculo, saia no nevoeiro e na tempestade, quando poucas pessoas – ou nenhuma – estiverem por perto. Esvazie a mente e dedique um pouco do seu tempo para sonhar acordada. Que imagens ocorrem a você? Como você se sente? Que sensações físicas você vivencia? Leve uma vela consigo e ingresse nas negras profundezas de um aterro da sua escolha (é desnecessário dizer que você deve certificar-se de que o mesmo é seguro). Esses aterros são lugares de morte e de renascimento; muitas mulheres se sentem estimuladas sexualmente nesses lugares, e os aterros também têm sido descritos como portais xamânicos por Danny Sullivan, editor da revista *The Ley Hunter*. Em resumo, são lugares de transformação, onde, de alguma maneira, podemos vivenciar o Outro Mundo. A lenda também diz que o povo encantado de Sidhe, conduzido por sua pálida e cintilante rainha, vagueia saindo desses velhos túmulos em noites de luar. Você poderá se surpreender com o encantamento que esse povo poderá lhe revelar.

3 A Deusa Tríplice

Contemplem a Deusa Triforme
Ela que é sempre Três – Donzela, Mãe e Anciã;
Não obstante, é sempre Una.
Pois sem a primavera não pode haver verão,
Sem verão, não há inverno,
Sem inverno, não há nova primavera

Invocação da Deusa Wicca

O três é freqüentemente considerado um número especial. Ele aparece no folclore e nos contos de fadas como três desejos, três encontros especiais, três oportunidades, três presentes. Para muitas pessoas, três é um número de sorte. O triângulo é uma forma mágica, e o três é algumas vezes chamado de número da geração, sendo Mãe, Pai e Criança, pois o dois gerou um terceiro. Muitos fatores reúnem-se em grupos de três – mente, corpo, espírito; passado, presente, futuro, e assim por diante – o que dá uma sensação de equilíbrio. Na astrologia, o aspecto do trígono está ligado ao fluxo, à harmonia, e a idéia da Santíssima Trindade é bem conhecida no cristianismo. O cosmos é contemplado em três partes – superior, médio e inferior – e pode ser devido a isso que a Antiga Deusa é, com tanta freqüência, concebida como tríplice.

Há muitos grupos de três deusas na mitologia. A crença escandinava falava a respeito de três Nornas que viviam sob a Árvore do Mundo – eram deusas do destino, contra as quais até mesmo o poderoso Aesir era impotente. O mito grego fala a respeito das três Parcas, das três Fúrias (Erínias) e o conjunto das três vezes três, isto é, das nove Musas. Na verdade, muitas deusas únicas podem ser percebidas como tríplices à luz de uma investigação mais pormenorizada – Hécate, por exemplo, e, mais notavelmente, a Brida celta.

A Deusa Tríplice é concebida como Donzela, Mãe e Anciã, cultuando, assim, todas as fases da feminilidade. É fácil reverenciar a Mãe, pois é exaltada em nossa tradição. Mães dão à luz bebês – todos temos uma mãe e todos somos encorajados a demonstrar respeito por ela. A maternidade é a face mais "respeitável" do feminino para uma sociedade em cujo âmbito a dinastia e a procriação são preeminentes. No entanto, restringir as mulheres a um modelo de papel materno é obstruir, da maneira mais severa, o potencial do Feminino.

A Donzela

Estamos familiarizados com a idéia de que uma donzela significa o mesmo que uma "virgem" – uma mulher jovem que ainda não teve intercurso sexual. No entanto, o significado aqui foi distorcido de maneira bastante enganadora. "Virgem" significava originalmente alguém que não pertencia a ninguém exceto a si mesmo. As virgens dos templos da antiga deusa com freqüência faziam sexo com viajantes do sexo masculino, pois eram representantes da Deusa, participando num dos Seus atos sagrados. No entanto, não pertenciam a homem algum – eram independentes, donas de si, entregando-se onde quisessem, e não eram limitadas por nenhuma regra imposta.

A Donzela é a mulher indômita, selvagem, livre, vibrante de energia, imprevisível como o vento. Sua resposta à vida é espontânea, vívida. É sexual, sim, e altamente sedutora, porém, até certo ponto, sua sexualidade está focalizada na exploração e no fascínio de sua própria feminilidade. Dará deleite, mas não compromisso. Seus amantes aventuram-se com ela, mas certamente nunca a possuirão. Isso naturalmente intensifica o seu encanto, e pode ser muito desconfortável para um certo tipo de consciência masculina, inclinada à conquista. A Donzela, em parte, incorpora certas características que foram reservadas injustamente aos homens – ela pode ser sexualmente livre mas é totalmente feminina. Ama onde quiser e orgulhosamente guarda a santidade do próprio corpo. O aspecto Donzela da Deusa pode se manifestar de maneira mais vívida nas festas de Imbolc, no equinócio da primavera, e em Beltane.

Vemos a Donzela em garotas de minissaia e jaqueta de couro, que estão saboreando o que a vida tem para oferecer, explorando seu poder como indivíduos e como mulheres, e formando o seu próprio pensamento a respeito da vida. A Donzela é totalmente objetiva. Por mais bela que possa ser, não anseia por estabelecer relacionamento, mas para avaliar, experimentar e descobrir suas próprias formas de ordem – aqui o motivo subjacente é um melhor conhecimento do eu. Invocamos a Donzela todas as vezes que ingressamos em território não-mapeado em nosso trabalho, no autoconhecimento ou nos relacionamentos. Necessitamos de sua visão revigorada e de seu saudável centramento em todas as fases de nossa vida. Jovens garotas, que estão naturalmente mais próximas da Donzela, precisam ser encorajadas a utilizar suas energias em caminhos que possam desenvolver seu senso de individualidade até a plenitude, e a ser verdadeiras consigo mesmas, pois somente desse modo serão capazes de ser verdadeiras para com qualquer coisa, ou para com qualquer pessoa. A mulher mais velha pode ter sido limitada ou reprimida na juventude, e pode precisar reivindicar a Donzela, conscientemente, para libertar seu espírito e encontrar a sua direção. Muitas crises de meia-idade são forjadas por uma Donzela enclausurada e confinada, precipitada muito cedo num casamento convencional, sem oportunidade de explorar alternativas na sexualidade ou na carreira. Mulheres jovens em motocicletas, em laboratórios, estudando gorilas na selva, dançando num palco, discursando na plataforma política – elas são maravilhosas, elas são a Donzela. Respirem-na e deixem que ela ilumine seus olhos.

Mito e lenda — Ártemis

Como muitas deusas, Ártemis tem atributos múltiplos, e embora tenha chegado até nós retratada na arte como a deusa-lua virgem, é provável que ela, como ocorre com muitas deusas, incorporasse originalmente todos os aspectos da Grande Mãe. Seu nome vem da palavra para "urso". O urso é um poderoso tótem de sabedoria terrestre, pois os ursos sabem onde encontrar as raízes e as ervas que podem curá-los e incubam seus filhotes em hibernação, ao longo de todo o frio do inverno. Como deusa guerreira, foi a patrona das amazonas, e como Ártemis de Éfeso, de muitos seios, incorporava a fecundidade. Era também guardiã das mulheres no parto. Não há contradição nisso – como deusa "virgem", os assuntos de todas as mulheres constituíam sua ardente preocupação. Era ela que matava com suas flechas impiedosas qualquer caçador humano que perseguisse mulheres grávidas ou seus filhos. Incorporava a lei da natureza, a implacável e antiga ordem da floresta selvagem. Suas festas eram celebradas em noites de Lua cheia, em clareiras de florestas, num êxtase em que as fronteiras se dissolviam e os seres humanos se uniam à natureza e à Deusa, num acasalamento orgiástico e anônimo.

Ártemis era uma das poucas divindades sobre as quais Afrodite, a deusa do amor, não tinha poder. O mito conta a respeito do caçador Actéon, que se aproximou da adorável deusa enquanto ela se banhava. Ao vê-la, ficou trespassado, paralisado. Ela era tão bela, personificando todo o poder da terra primordial, e, no entanto, era etérea e encantadora. Ártemis o viu e, com um relâmpago dos seus olhos orgulhosos, converteu-o num cervo. Os próprios cães de caça de Actéon se precipitaram sobre ele e o rasgaram em pedaços. (Podemos ver aqui ecos do Deus Cornudo dos animais, e da divindade da vegetação, que morre por causa de seu amor pela Deusa e renasce a cada primavera.)

E, desse modo, embora Ártemis possa abençoar atos de amor e de prazer, não se deixa subjugar e não permite que se intrometam no seu domínio. As mulheres podem invocá-la quando necessitarem de toda a auto-afirmação ou independência disponíveis. Ártemis está nas proximidades de todos os lugares silvestres, inabitados. Procure-a longe da trilha batida, em companhia de seus animais; procure seu rosto na folha e na pedra, respire-a com o aroma do solo, e cavalgue com ela no vento.

A Deusa Mãe

"Mãe" é a face mais aceitável do Feminino, e, embora ao longo dos últimos 2 mil anos do mundo ocidental não tenha participado da concepção de divindade, vemos, não obstante, ecos da antiga Deusa Mãe em Maria, a mãe de Jesus. Para muitos católicos, Maria é Deusa, para as emoções e para a alma, e ela satisfaz aquilo que o autor Geoffrey Ashe denomina "anseio em forma de deusa", embora os cânones da Igreja neguem sua posição divina. Maria exemplifica todo o amor, a devoção, a bondade, a compreensão e o cuidado que a maternidade abrange. Num mundo onde os instintos naturais de muitas mães foram restringidos, juntamente com outros aspectos do seu ser, muitos de nós sentem que foram privados, até certo ponto, do amor materno. Os braços amorosos da Mãe são aquilo pelo que todos ansiamos.

A Mãe dá à luz e abençoa toda a vida. Bebês, animais, flores, cristais, tudo flui do seu útero divino. Na primavera, ela abre seu corpo-terra para gerar crescimento novo e brilhante. No verão, ela envolve com braços protetores a terra ardente. Na época da colheita, ela espalha amplamente sua generosidade, e, à medida que o frio aumenta, ela aconchega os animais em suas tocas no inverno, puxando as sementes para o profundo interior do seu útero até que volte a época do reverdecimento. Ela é produtiva, doadora, nutriz – a Via-Láctea jorra dos seus seios transbordantes e resplandece através da galáxia. Ela escuta, responde, cuida e aconselha – porém, embora às vezes possa ser firme, seus conselhos são geralmente bondosos.

A Donzela pode inspirar nossos atos criativos, mas a Mãe está presente quando os produzimos. Ela se ergue por trás de cada mãe física, sustentadora, encorajadora, amorosa – e as mães podem ser mediadoras entre Ela e os seus filhos. Ela também conforta as mães que perderam, pois a Grande Mãe perde o seu Filho-Amante, o Deus da Natureza moribunda e em ressurreição, e a cada inverno Ela deve pranteá-lo, até que Ele retorne na primavera. A tristeza de Maria, sob a cruz de Cristo, tem algo disso. A Deusa Mãe também conforta mães que sentem não desempenhar bem o seu papel – com sua compreensão e apoio elas podem recuperar, interiormente, parte do socorro que teria sido mais freqüentemente disponível nos dias das tribos matriarcais, quando as mulheres não estavam isoladas, mas tinham avós a quem poderiam pedir conselhos. A Mãe é igualmente importante para mulheres que não têm filhos, ou por escolha ou por necessidade. Ela expande e abençoa todos os seus atos criativos e os dota com a tranqüila reflexão que é tão valiosa culturalmente. A Mãe é nossa bênção interior. Banhe-se em sua graça, na luz da Lua cheia, e alegre-se com Ela ao sentir o aroma de flores de verão, ou ao comer pão recém-assado.

Mito e lenda — Deméter

Quase todas as deusas representam, de alguma maneira, o aspecto fértil do Feminino, pois até mesmo nas deusas virgens, como Atena, a germânica Eostre e Ártemis, vemos atributos de fertilidade, de proteção, de senhora do lar e características semelhantes. Então, voltemo-nos, mais uma vez, para a mitologia grega, para encontrar a suprema figura da maternidade – doadora, zelosa, aflita e regozijante – na pessoa de Deméter.

"Mãe Terra" é um dos significados do nome de Deméter, que era venerada com oferendas naturais, como favos de mel, grãos e frutos frescos. Ela pode ser vista como a deusa dos cereais, espalhando amplamente seu manto dourado sobre os campos. É Deméter que mantém a terra frutífera e fértil. A lenda conta a respeito do seu laço de amor com sua filha Perséfone, que é raptada pelo deus do Mundo Subterrâneo, Hades (ou Plutão). Para Deméter, a trágica perda é esmagadora. Todos os que têm filhos sabem que a pior aflição imaginável é perder um filho, e Deméter percorre a terra, torcendo as mãos em desespero e chorando. Novamente, vemos a história da mãe-filha das estações, porém com Deméter é sua filha que "morre" e ressuscita, e não um filho, e com essa lenda o ciclo das estações é explicado em termos totalmente femininos. Podemos nos lembrar da Deusa principalmente como Mãe no solstício de verão, em Lammas e em Yule.

Enquanto Deméter pranteia, tudo fica negligenciado, e o primeiro inverno finca suas garras na terra. Homens e animais morrem, e os deuses do Olimpo passam a temer que aqueles que os veneram sejam todos exterminados. Por isso, são feitas negociações para devolver Perséfone ao mundo da superfície. No entanto, como ela comeu romã – um símbolo de fertilidade – não pode deixar permanentemente o Mundo Subterrâneo, e ela ficará sempre conhecida como a Rainha do Mundo Subterrâneo. Porém, retorna à casa de sua mãe durante oito meses do ano, e esse é o período em que a terra floresce. Durante os quatro meses restantes, ela deve voltar para o seu soturno amante. Sua mãe se entristece, e o inverno retorna – notamos aqui que o inverno grego é mais curto que o inverno inglês!

É interessante notar que, durante o seu tempo de pranto e de procura, ela passa o tempo, disfarçada de governanta, na corte de Elêusis. Lá, ao tentar tornar imortal o pequeno príncipe Triptolemus, imergindo-o no fogo, é interrompida pela mãe dele, sendo obrigada a revelar sua divindade. Essa intervenção materna mostra como nossas restritas perspectivas humanas com freqüência nos frustram na procura do Divino. A figura de Triptolemus expande-se em mitos subseqüentes a ponto de ganhar quase a estatura de um deus da vegetação, Filho-Amante para a Deusa, e foi em Elêusis que se desenvolveu o culto dos mistérios. Devido à sua tentativa de conceder vida eterna ao menino, queimando-o, vemos o poder da deusa como vida-na-morte, morte-na-vida, e esse foi um dos temas centrais dos mistérios de Elêusis.

Originalmente, Deméter, pelo que parece, emergiu da identidade da própria Grande Mãe. Podemos nos aproximar de Deméter em qualquer campo ou jardim. Se estamos cansados, tristes, solitários ou apenas meditativos, ou se estamos conscientes de nossa própria carência de maternidade pessoal, a qualidade materna de Deméter nos circunda, no abraço da Natureza, e podemos absorver uma sensação de paz.

A Anciã

Embora a Donzela seja procurada e a Mãe respeitada, a Anciã recebe pouca atenção. Em nossa cultura, as mulheres idosas são, com freqüência, negligenciadas e até mesmo insultadas, e as dádivas que representam, e com freqüência têm para oferecer, não são valorizadas. A velhice pode ser temida como uma perda de atrativos numa sociedade dominada por homens, que valorizam as mulheres somente pela sua sedução e fertilidade. No entanto, é na Anciã que o poder feminino realmente se torna completo.

A Anciã é sábia, observadora, tecelã, agente de cura e modeladora. Podemos imaginá-la em sua cabana ou caverna, pensativa, tramando, resmungando. Tem estreita semelhança com a imagem da bruxa, o que aumenta, desse modo, a suspeita com que é vista. A Anciã conhece os caminhos entre os mundos, e assim, entende muito bem os caminhos deste mundo. Isso pode fazer dela uma personagem desconfortável, mas é um repositório de sabedoria feminina, do conhecimento acumulado da mulher que não menstrua mais, porém mantém dentro de si o depósito do seu poder.

Chegamos à Anciã como a última do nosso trio, mas para os celtas ela vinha em primeiro lugar, antes da Donzela, pois a Anciã é escuridão, e foi a escuridão que existiu primeiro, no vazio primordial, antes que a luz fosse criada. Sabendo do valor da escuridão, os celtas começavam o seu dia ao cair da noite, seu ano no outono, na festa de Samhain, ou Halloween, e a Anciã era lembrada antes da Donzela brilhante, conferindo assim lugar de honra à sua sabedoria indizível. Sua presença insinua-se no equinócio do outono e aprofunda nosso sentido do inverno.

A Anciã é nossa fonte de sabedoria e de compreensão. Ela é senhora das histórias e das lendas, toda a aprendizagem armazenada de geração em geração de ancestrais. Ela conhece os caminhos da magia, entende a transformação e fia a teia cósmica, sabendo que tudo é parte do todo. Ela pode ser a bondosa vovó de rosto rosado em seu jardim de ervas, ou pode ser a bruxa cercada por sombras assustadoras. A sabedoria da Anciã é às vezes gentil e às vezes abrasiva, pois ela nos mostra como devemos nos relacionar com o universo e com nosso eu mais profundo. Ela está presente no murmúrio das folhas e no rugido das tempestades. Podemos nos dirigir a ela todas as vezes que sentimos que precisamos mudar, ou quando buscamos o entendimento profundo de qualquer assunto.

Mito e lenda: Cailleach

Mais conhecida como "a Cailleach", esta é uma forma celta fortemente delineada da deusa Anciã, que é indescritivelmente antiga. Dizia-se que podia se renovar incessantemente, voltando para a primavera da vida a fim de arranjar um novo amante quando o atual morria de velhice. É às vezes retratada agitando seu caldeirão de morte e renascimento, no Mundo Subterrâneo. No entanto, também podemos vê-la andando a passos largos por uma paisagem cinzenta, carregando enormes seixos em seu avental, pois sua força é fantástica. Como deusa cósmica, ela governa o tempo meteorológico, o céu e as estações. Seus dentes são vermelhos, e seus cabelos, emaranhados. Seu rosto, com a cor azul-escura de um lago sob nuvens de tempestade, tem um olho central. Há poucos mitos escritos a seu respeito, porém ela ecoa em antigos nomes de lugares. É provável que fosse deusa dos antigos povos pré-celtas, os moradores das colinas ocas, e, desse modo, ela é na verdade uma deusa misteriosa.

A história conta como Cailleach tinha uma fazenda que empregava muitos trabalhadores, os quais, no entanto, só eram pagos se conseguissem trabalhar mais do que ela. Um olhar para a sua forma mirrada convencia a maioria das pessoas de que o lucro seria fácil. No entanto, a recompensa que recebiam era a morte prematura, de exaustão, tentando em vão igualar os fenomenais poderes de Cailleach. Ela dava gargalhadas sobre os cadáveres – temos nela uma metáfora para a imensa força da velha mulher, que normalmente não é percebida, mas pode mover montanhas tão facilmente quanto Cailleach o fazia, deixando-as cair do seu avental. Embora possa parecer sinistra, ela era efetivamente muito amada, como uma presença antiga e permanente.

O rosto de Cailleach pode ser visto na rocha cinzenta e na garoa. Chame-a para ganhar força suplementar, sabedoria e resistência, quando precisar dessas qualidades.

Morte e renascimento — um quarto aspecto

Justamente quando sentimos que apreendemos claramente uma idéia, um outro ângulo se destaca em perspectiva, lembrando-nos de que tudo é fluido. Desse modo, além da Deusa Tríplice, pode-se discernir um quarto aspecto, difícil de definir, misterioso e, não obstante, sugerido pelo trio.

O número quatro sugere a solidez do quadrado. Agrupamentos de quatro indicam, com freqüência, nossa posição terrestre, como nos quatro pontos cardeais indicados na bússola, ou nos quatro elementos tradicionais da terra, do fogo, do ar e da água. A cruz celta, ou círculo dividido em quatro partes iguais, é um antigo símbolo de completude, e os ritos mágicos são executados num círculo, onde os quatro elementos são invocados nos quatro pontos cardeais, para proteção. Tendo isso em mente, parece que nossa quarta deusa completa o círculo.

Com relação às quatro direções, a Donzela corresponde ao ar, ao leste, à luz matutina da aurora e à primavera. A Mãe é igualada com o calor do sul, com o fogo, com o meio-dia e com o verão, enquanto a Anciã reside no Ocidente, o lugar do pôr-do-sol, do outono e do elemento água. No entanto, no Hemisfério Setentrional, o norte é o lado negro e oculto do céu, igualado à meia-noite, ao inverno e ao elemento terra, lar de estrelas infinitas, onde o Sol e a Lua não se aventuram, e aqui podemos encontrar a pessoa da Deusa Presente e Invisível.

Num certo sentido, esse quarto aspecto abarca os outros três, mas, em outro, ela é uma entidade separada. Embora a Anciã possa sugerir morte e renascimento, essa deusa os incorpora. Ela é a própria pessoa da transformação, do vazio intergaláctico onde toda a luz começou mas nenhuma vida pode sobreviver. Ela é paradoxo e mistério, é senhora da magia. Não podemos entendê-la, mas nos encontramos com ela na noite escura da alma, quando sua negrura nos envolve e nos faz renascer num novo panorama. Ela é deusa das sepulturas, do túmulo que também é útero, ela é nossa fonte. É a silenciosa voz interior que vem até nós em noites sem luar – escutem-na, meditem sobre ela e abram no coração um espaço para ela, pois sua sabedoria transcende tudo o que conhecemos.

As estações

A ronda das estações pode ser facilmente relacionada com a Deusa Tríplice, como vimos acima, a primavera relacionando-se naturalmente com a Donzela, o verão com a Mãe, o outono e o inverno com a Anciã – ou, naturalmente, o inverno pode estar relacionado com a Deusa Invisível. No entanto, as faces da Deusa se fundem, de maneira que podemos ver duas, três ou todas as feições ao mesmo tempo, numa paisagem ou celebração sazonal. Por exemplo, em Yule, a Anciã está presente nos dias curtos do inverno. A Mãe também está lá, pois dá à luz, mais uma vez, ao deus Sol, e como também renasce, a presença graciosa da Donzela dança na neve e na geada. A Deusa Presente e Invisível está lá, nas longas noites estreladas e no santo mistério da renovação. Podemos nos sentir livres para evocar a presença da Deusa de qualquer maneira que Ela nos inspire, durante as estações de nossa vida.

A Lua

Ligações entre os ciclos lunares e a Deusa Tríplice são evidentes, e podemos utilizar a observação das lunações para nos permitir aproximar do Feminino Divino em Sua natureza cíclica e em Sua eterna presença. As fases lunares são dadas em calendários e em diários e você pode verificar o céu à noite para encontrar a Lua.

A Lua crescente aparece no começo da noite, com freqüência de uma beleza cintilante num céu ainda róseo – é a Donzela. No Hemisfério Setentrional, o crescente pode ser figurado, em forma de taça, por uma mão direita levantada, sendo que o contrário é verdadeiro para o Hemisfério Sul. A Lua cheia, luz da Mãe, converte a meia-noite em prata, enquanto que no minguante, que aparece nas primeiras horas após a meia-noite, ela é a Anciã. Os dias da Lua nova, ou Lua negra, quando ela não é vista, em absoluto, podem ser relacionados com a Deusa Invisível. Com o seu desaparecimento e sua renovação, ela nos ensina a respeito do abstrato, a respeito de continuidade, de fé e de renascimento.

As fases da menstruação podem ser ligadas com a Lua, e muitas mulheres ovulam na Lua cheia e menstruam na Lua nova. Com esse ciclo, é fácil a identificação com a Donzela, após a menstruação, com a Mãe durante a ovulação, e com a Anciã – quando tendemos a nos sentir "embruxadas" e precisando de solidão – quando a Lua míngua. O tempo de transformação (de "renascimento") do período menstrual pode se relacionar com o aspecto da Deusa misteriosa. Obviamente, se o seu ciclo não se ajusta de maneira tão nítida, você precisará adaptá-lo, sempre dedicando tempo para identificar os seus sentimentos interiores em vez de decidir intelectualmente o que eles deveriam ser. A menstruação será extensamente discutida no capítulo 5, e a observação das fases da Lua também receberá um pequeno capítulo à parte, dada sua importância.

A deusa Brida

Nosso olhar para a Deusa Tríplice não estará completo se não contemplarmos a deusa celta Brida, que é talvez a Deusa Tríplice em sua quintessência.

Brida é a deusa da poesia, da cura e do ofício do ferreiro. É "a brilhante" – a mãe sublime, conferindo inspiração criadora e fertilidade, protetora, guerreira e guardiã dos jovens. Seu papel como deusa dos ferreiros a liga firmemente com poderes transformadores, uma vez que os ferreiros, que forjam misteriosas mudanças no metal, foram considerados afortunados e "mágicos". Brida era conhecida em todo o mundo celta pelos vários nomes de Brígida, Brigantia, Brigit, e foi adotada pelos cristãos – como também o foram tantos dos velhos deuses e das velhas festas – na pessoa de santa Brígida, conhecida como a primeira mulher santa da Irlanda. Sua chama sagrada foi levada para Kildare por sacedotisas e, subseqüentemente, por freiras. Brida é também deusa do fogo.

Brida inventou o assobio para chamar seus amigos. As bruxas são temidas pelo seu poder de chamar tempestades com seus assobios, e diz-se que de uma mulher assobiando não se espera nada de bom, pois assobiar é uma atividade despreocupada, casual, descarada, não apropriada para donzelas modestas! Brida também inventou o som do lamento fúnebre, quando perdeu seu filho bem-amado na tradição da Grande Mãe. Foi a deusa da terra verde, honrada pela sua fertilidade.

Seu dia de festa especial é o Imbolc, em 2 de fevereiro, que é às vezes denominado a Festa dos Poetas. Nessa época, quando o solo pode ainda estar rígido e branco por causa da neve, ou quando tenras gotas de neve animam o ar penetrante, o leite das ovelhas começa a fluir com a primeira cria. Essa é uma festa brilhante de inspiração e de criatividade, quando podemos ver as primeiras agitações do reverdecimento da primavera, e, não obstante, lembramo-nos das longas e meditativas noites de inverno. Você pode observar essa festa reservando algum tempo para um ato criativo especial, da arte culinária à pintura, e acendendo três velas brancas em honra da Deusa Tríplice Brida.

Exercício

Há várias coisas com as quais se pode praticar neste capítulo. Além dessas, você pode querer refletir a respeito dos três aspectos da Deusa, um de cada vez, listando todas as qualidades e dádivas de cada uma e identificando onde sente que tem maior carência. Você talvez queira ligar essas reflexões à fase lunar apropriada, discutida no capítulo 4. Acenda velas, se quiser. O branco é a cor tradicional para a Donzela, o vermelho para a Mãe e o negro para a Anciã. No entanto, se quiser reservar o negro para a quarta, para a face misteriosa da Deusa, então a Anciã pode ser representada pelo azul-escuro, pelo marrom ou pela púrpura. A quarta fase da Deusa requer uma atitude diferente – não a aborde com pensamentos ou desejos, mas deixe-se ficar tranqüilo, de modo que Ela possa aproximar-se de você.

Contemplar todos os aspectos da Deusa pode despertar nossa apreciação dos poderes em nosso interior, poderes que não suspeitávamos antes, que não valorizávamos, e que podem nos ajudar imensamente nos períodos de transição.

4 A Deusa Lua

... suave é a noite
E por acaso a Rainha-Lua está sentada em seu trono

Keats, *Ode to a Nightingale*

A Deusa sorri sobre nós na Lua radiante. Ela preenche o ar de magia, e seu toque prateado transforma as ofuscantes cores do dia em sombras sutis. Ela sussurra para nós sobre sonhos possíveis e de outras dimensões, pois é senhora da transformação, soberana do inconsciente. Muitas deusas foram ligadas à Lua, pois à noite o instintivo sustenta o seu balanço – e a intuição tem sido, desde há muito tempo, uma província feminina. Vimos que as três fases lunares estão associadas com os três estágios da vida de uma mulher, como Donzela, Mãe e Anciã, e essas três fases estão intimamente ligadas com os ritmos femininos da menstruação e da gravidez. O ovo radiante da Lua cheia sugere fecundidade. Mais que isso, a Lua é a incorporação celeste dos ciclos que ocorrem na Terra.

Para os povos do Paleolítico, as fases da Lua continham uma promessa de renovação. Como a Lua minguava, desaparecia e renascia no novo crescente, assim também os seres humanos podiam esperar pelo renascimento. Não há metáfora mais forte para o renascimento do que as fases da Lua. A importância disso ainda é apreciada pelos nativos africanos, provavelmente uma das raças mais antigas da Terra. São descritos por Laurens van der Post dançando durante toda a noite, a fim de mostrar seu amor pela Lua minguante, para que ela retorne. Artefatos da Idade da Pedra exibem considerável percepção das fases lunares. Por exemplo, a conhecida "Deusa de Willendorf", datada de cerca de 19000 a.C., exibe sete camadas de círculos entalhados na cabeça, os quais estão provavelmente relacionados com os sete dias (aproximadamente) de cada um dos quartos lunares.

A Lua aparece como deusa da vida e da morte, Senhora do túmulo que também é útero. Escuridão e luz, morte e vida foram revelados como complementares e mutuamente sustentadores – e tudo uma expressão da Deusa. Na maioria das partes do globo, a mitologia lunar precede em séculos a mitologia solar. Para os primeiros povos, a Lua era uma poderosa representação do sagrado, exibindo padrões, criando associações, resumindo tanto a separação como a continuidade. Por sua existência, a Lua satisfazia o paradoxo da vida, que exige a morte para continuar – o drama de sobrevivência da caçada, e a vida que é uma espiral sem fim, um *continuum* encerrado no âmbito da Deusa. Muitas sepulturas antigas sagradas, onde se enterravam os mortos, eram construídas voltadas para o leste, onde nasce a Lua, de modo que as almas dos ancestrais pudessem viajar nos raios da Lua.

A Lua — dádivas e associações

À medida que a humanidade passava gradativamente do estágio da caça para o de uma comunidade agrícola, relações entre o ciclo lunar e o das sementes foram observadas. A Lua incha a partir do nada, cresce como uma delgada foice até ocupar o orbe pleno, exuberante, quase da mesma maneira como a semente repousa adormecida na escuridão subterrânea, produz brotos e cresce na forma de uma planta florescente. Segue-se, então, o ciclo da decadência. A Lua minguante desaparece no céu, à medida que a planta se converte em semente e se recolhe mais uma vez ao solo. Segue-se o tempo invisível de transformação e de gestação. Grandes e incompreensíveis eventos ocorrem em segredo, até que o minúsculo broto desponta mais uma vez e a lasca da Lua ascende no céu ao entardecer.

O ciclo lunar também resume completude e equilíbrio, pois as fases podem ser representadas num círculo dividido em quatro partes, na forma de uma cruz celta – essa é uma mandala simples, significando totalidade, e tem importantes associações psicológicas para o nosso próprio centro de equilíbrio, o Eu. Desse modo, seguindo no sentido horário, a Lua nova, negra, aparece em oposição à Lua cheia, a fase crescente em oposição à fase minguante, e o ciclo aparece em sua totalidade. Tais motivos circulares são usados em rituais, pois seu efeito sobre o inconsciente é poderoso – o círculo significa eternidade, proteção e concentração de poder, e muitas coisas mais. As quatro fases, nova, crescente, cheia e minguante, podem então ser ligadas aos quatro elementos tradicionais que compõem nosso mundo – terra, ar, fogo e água, também relacionados, respectivamente, com o norte, o leste, o sul e o oeste, os quadrantes que definem nosso espaço.

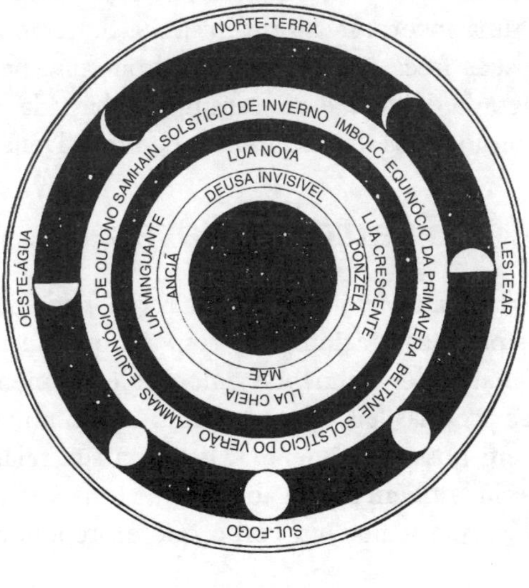

Estendendo-nos a partir disso, podemos assinalar as estações, conforme são demarcadas pelas antigas festas, em torno do círculo. Yule, o solstício de inverno, corresponde ao norte/terra/Lua nova; o equinócio da primavera ao leste/ar/Lua crescente, o solstício de verão a sul/fogo/Lua cheia e o equinócio de outono a oeste/água/Lua minguante. As festas intermediárias são então marcadas entre essas, com Imbolc e Beltane durante a fase crescente do ciclo, e Lammas e Samhain durante a fase decrescente. Leitores situados no Hemisfério Sul preferirão girar essas associações em 180 graus, associando a Lua nova, a terra, etc., com o sul, pois o lado "cego" do céu, onde o Sol e a Lua nunca aparecem, está relacionado tradicionalmente com o elemento terra. Além disso, poderá ser mais apropriado marcar o ciclo no sentido anti-horário para o Hemisfério Sul, pois nele se vê a Lua, o Sol e todo o céu se movendo dessa maneira.

As dádivas da Lua para a humanidade foram a fé, um entendimento do ciclo e uma aceitação dos mistérios da transformação e do renascimento. A partir do desaparecimento e do reaparecimento da Lua, podemos ter aprendido a pensar abstratamente, tornando-nos capazes de manter uma idéia na cabeça mesmo depois que o objeto tenha desaparecido. A Lua é um lembrete sempre presente da natureza cíclica e uma incorporação do mistério. Se racionalizarmos a luz da Lua e suas fases em termos de astronomia, perderemos a perspectiva sagrada da vida, esqueceremos que a vida é uma metáfora para o espírito e nos distanciaremos de nossa Deusa imanente.

Efeitos lunares

Enquanto Rainha da Noite, a Lua está relacionada com o inconsciente, com os padrões irracionais de resposta que sustentam nossa vida, com as marés de sonhos, de emoções e de memória. Essas marés têm suas próprias leis. Elas nos ligam com o universal e se as ignoramos, é em nosso detrimento. Devido à sua relação com os mares, a Lua está também ligada ao útero de toda a vida, o oceano primordial. Nós, que temos um corpo que é preponderantemente constituído de água, respondemos à Lua, embora possamos não perceber isso. É bastante documentado o fato de que a Lua cheia assinala um aumento do número de crimes, de acidentes e da internação de doentes mentais em asilos – a palavra "lunático" deriva de *luna*, que significa lua. A probabilidade de ocorrência de hemorragias na mesa de cirurgia é maior durante a Lua cheia. As energias à solta nesse período são desequilibrantes para uma consciência "racional".

Há muitas crenças populares a respeito da relação da meteorologia e da jardinagem com a Lua, e com freqüência ocorrem mudanças de tempo na Lua nova e na Lua cheia. Sementes plantadas durante a Lua crescente germinam mais depressa, e em sua maior parte, as atividades de poda e de colheita são mais bem-sucedidas durante a Lua minguante. O planejamento de nossas atividades com relação às fases lunares pode proporcionar uma sensação de profunda satisfação e harmonia com a natureza. Mais que isso, as fases lunares podem ser celebradas, com veneração e encantamento, como o foram nos bosques secretos, nos templos e nas colinas de cristas estreladas desde os velhos tempos.

Festas lunares

Não há maneira melhor e mais imediata de fazer contato com nossa Deusa do que celebrar as fases da Lua. Isso pode ser realizado de maneira bastante informal – por exemplo, a Lua cheia é um bom tempo para cear com os amigos ou para dar uma festa, e se todos eles cultuarem a Lua, será muito melhor. Cerimônias tranqüilas podem tomar a forma de caminhadas ou meditação à luz do luar. Talvez você queira celebrar com uma garrafa de vinho ou com biscoitos especiais em forma de crescente. Acender uma vela é um ato simples e ritual. Se você quiser, volte à nossa sessão de Exercício no final do capítulo 3 e relacione os exercícios com as fases lunares.

As fases lunares foram ocasiões festivas desde a pré-história. Os atuais pagãos e cultuadores da Deusa celebram, com freqüência, a Lua cheia numa festa denominada "Esbat". Durante essa festa, a

presença da Deusa pode ser investida sobre uma sacerdotisa numa instigante invocação. Ela é chamada de "O Cuidado da Grande Mãe", e foi reescrita a partir de material prévio por uma sacerdotisa do nosso século, Doreen Valiente. Como é muito expressiva, será citada aqui na íntegra. A sacerdotisa diz:

Quando tiverdes necessidade de alguma coisa, uma vez por mês, é melhor que seja quando a Lua estiver cheia, e então vos reunireis num lugar secreto e adorareis o meu espírito, eu, que sou Rainha de todas as bruxas. Lá vos reunireis; vós que, de bom grado, quereis aprender toda a feitiçaria, no entanto ainda não ganhastes acesso aos seus mais profundos segredos. A vós ensinarei coisas ainda desconhecidas. E estareis livres da escravidão, e como um sinal de que estareis realmente livres, fareis nus os seus ritos; e cantareis, dançareis, fareis festas, fareis música e fareis amor em louvor a mim. Pois meu é o êxtase do espírito e também é minha a alegria sobre a Terra, porque a minha lei é o amor para todos os seres. Mantenhais puro o vosso ideal mais elevado, lutai sempre por ele, não deixeis que ninguém vos impeça ou vos desvie dele. Pois é minha a porta secreta que se abre para a Terra da Juventude, e é meu o cálice do vinho da vida, e o Caldeirão de Cerridwen, que é o Santo Graal da imortalidade. Sou a Deusa graciosa que oferece a dádiva da alegria para o coração do homem. Sobre a Terra, concedo o conhecimento do espírito eterno; para além da morte, concedo a paz, a liberdade e a reunião com os que se foram antes. Não exijo sacrifício, pois, vede, sou a Mãe de todos os seres vivos, e o meu amor é derramado por sobre a Terra.

O sacerdote diz:

Ouçam as palavras da Deusa Estrela; Ela, que na poeira dos pés traz as hostes do céu e cujo corpo envolve o universo.

A sacerdotisa continua:

Eu, que sou a beleza da terra verde, e a Lua branca entre as estrelas e o mistério das águas, e o desejo do coração do homem, clamo dentro de vossa alma; erguei-vos, e vinde a mim, pois eu sou a alma da natureza, que dá vida ao universo. De mim procedem todas as coisas e para mim todas as coisas devem retornar; e diante de minha face, bem-amada de deuses e de homens, permiti que o vosso mais íntimo eu divino seja envolvido no arrebatamento do infinito. Que eu seja venerada no coração que se regozija; pois, vede, todos os atos de amor e de prazer são meus rituais. E, portanto, que haja beleza e força, poder e compaixão, honra e humildade, alegria e reverência dentro de vós. E vós que pensais procurar por mim, sabei que a vossa procura e o vosso anseio de nada vos servirão, a menos que conheçais o mistério; que se aquilo que buscais não encontrardes dentro de vós, jamais o achareis do lado de fora. Pois, vede, estive convosco desde o princípio, e sou aquela que é encontrada no fim do desejo.

O texto acima é uma bela e completa declaração de culto à Deusa. Você poderá lê-la na íntegra quando a Lua cheia estiver no alto do céu, à meia-noite.

O homem e a Lua

Embora a Lua, em virtude de suas associações, pareça preponderantemente feminina, houve muitos deuses da Lua. A tradição maori afirma que a Lua é o verdadeiro marido de todas as mulheres, ao passo que os papuas acreditam que a menstruação é causada pelo coito com a Lua. Uma das imagens mais comumente observadas é a de um "homem na Lua", e há muitas histórias, vindas de várias culturas, explicando como ele chegou lá. A maioria delas é punitiva; por exemplo, um dos "homens da lua" é Judas, exilado por ter traído Jesus. Porém, elas têm uma aura patriarcal tardia, deixando de entender a Lua como professora dos mistérios. No entanto, a

Lua pode ser inestimável para os homens. Carecendo de natureza cíclica, do conhecimento íntimo do corpo e da união instintiva que a menstruação proporciona às mulheres, os homens podem aprender com a Lua a vivenciar o fluxo e o refluxo, e a apreciar suas próprias marés interiores.

A idéia junguiana de *anima* é bastante conhecida. É a "mulher interior" dentro de todos os homens, imagem dos seus desejos mais profundos, inspiradora, chama criativa. Essa imagem freqüentemente se fixa em mulheres de carne e osso, que não podem incorporar plenamente essa imagem da deusa interior, resultando assim em desapontamentos e em relacionamentos rompidos. No entanto, a *anima* pode obter uma incorporação mais útil para um homem que estuda a Lua como Feminino celeste, intensificando seus poderes criativos, bem como seu entendimento e sua sensibilidade. Pode ser uma boa idéia os homens anotarem seus padrões corporais com relação à Lua – energia, sexualidade, sonhos – pois, dessa maneira, algumas coisas sobre o ritmo pessoal podem ser descobertas. Além disso, fornecendo ao seu inconsciente a mensagem segundo a qual a luz da Lua, os ciclos e o Feminino são importantes, sutilmente alguns benefícios podem começar a aparecer.

Deusas e mitos da Lua

Selena

Devido ao fato de a Lua ser muito feminina, muitas deusas podem ser relacionadas a ela. Um mito grego fala do amor da deusa Lua Selena pelo pastor Endimião, que ela viu adormecido na encosta da colina quando estava se erguendo no céu. Ela o achou tão irresistível que deixou seu carro brilhante e desceu para se deitar com ele. Mas Selena temeu que o amor de Endimião fosse roubado dela por uma mulher mortal que poderia ser sua esposa. Por isso o beijou, fazendo-o cair num sono eterno.

Durante a Lua nova, Selena se ausenta porque está com seu amante. No entanto, ele não traz a ela alegria, mas somente pranto.

Procurando impedir que outras pessoas o desfrutassem, ela própria se privou da sua companhia. E assim, a história de Endimião ensina que, para nos beneficiarmos das maravilhas e da sabedoria da paisagem lunar, devemos ser capazes de retornar, de trazer os nossos sonhos para a vida. Também diz algo a respeito dos relacionamentos. Quantos de nós procuram mudar seus pares, agarrando-se a eles a qualquer preço, e então descobrem que o que têm é apenas uma sombra daqueles a quem amam, e que não são, em absoluto, o que realmente queriam? Fazendo isso aprendemos apenas metade da mensagem da Lua. Devemos também ter fé e saber renunciar, como a Lua minguante, e desse modo entender a totalidade.

Coatlicue

A antiga deusa mexicana Coatlicue era originalmente uma deusa da terra, associada com a serpente. Renascendo em intervalos regulares graças à troca da pele, a serpente sempre foi associada com o renascimento, a Lua e a sabedoria. Coatlicue foi até a Colina das Serpentes para meditar e apanhar penas brancas para se adornar. Sendo ainda virgem, ficou miraculosamente grávida e deu à luz Quetzalcoatl, a serpente emplumada, deus salvador sacrificial.

Coatlicue existiu antes de tudo, caminhando nas névoas do tempo que precedeu o tempo. O Sol e seus magos não compreenderam de início a sua importância, mas quando o conseguiram, levaram a ela presentes e amuletos para demonstrar o seu amor, e ela brilhou como mãe do cosmos. Era chamada de divindade da Lua, esposa do Sol. No entanto, Coatlicue era também a mãe morte, honrada com flores na primavera, e, não obstante, era muitas vezes representada adornada com caveiras, garras e uma pele de serpente, e, assim, ela é o espírito devorador da Lua nova, bem como a Senhora da Lua Cheia.

Exercício

Se você quer desenvolver o hábito de reverenciar a Deusa, as fases lunares lhe darão a melhor oportunidade. Comece anotando as datas da Lua cheia e da Lua nova em seu calendário ou em seu diário. Planeje celebrar da maneira que lhe parecer melhor – algumas sugestões foram dadas neste capítulo. Tudo o que você fizer deverá se ajustar ao seu estilo de vida e aos seus compromissos. Abrir simplesmente as cortinas para deixar a Lua brilhar no interior da sala pode ser um ato de reverência. Você pode reservar um pequeno canto ou prateleira para fazer um altar para a Deusa e poderá representar aí as fases da Lua. Coloque nele pedras como o quartzo rosa, a pérola, a selenita e a água-marinha. Talvez artefatos de prata, conchas, figuras de animais ou de deusas. Poderá colocar diferentes figuras de deusas em seu altar para assinalar as diferentes fases. Deusas donzelas, como Ártemis, podem parecer jovens e energéticas para a fase crescente. Ísis ou Deméter para a Lua cheia materna e imagens da Anciã, tais como Hécate ou Cailleach, para a Lua minguante. Na Lua nova, você pode cobrir uma imagem com pano negro, para indicar a Deusa Presente e Invisível, ou pode sentir que ela é expressa, de algum modo, por uma figura como Hécate. Escolha o que evocar a resposta mais apropriada em você. Cartões e calendários representando as fases da Lua desenhados por Jane Brideson, a ilustradora deste livro, também podem ser adquiridos. Assinalar as fases da Lua, de qualquer maneira que você escolher, poderá acrescentar outra dimensão à sua vida.

5 A menstruação — os mistérios da Lua vermelha

...A janela deve ser fechada, a cacofonia contida
enquanto reparo meus sentidos confusos.
O milagre do sangue exige isso, lembrando-me...
da antiga quietude na clareira frondosa, a solidão e a Lua...

Sherri Rose-Walker, *Ancient Stillness*

A Deusa é mulher, divina e completa, incorporando todos os aspectos da feminilidade numa glória santa e vigorosa. E assim, naturalmente, a Deusa menstrua. Vemos isso nas fases lunares onde a Lua nova ou a Lua cheia podem ser tomadas como o tempo menstrual. Neste capítulo, consideraremos a importância da menstruação como uma força cultural e pessoal, a maneira como ela contém a essência do poder feminino, e como a observação dos seus ritmos pode levar-nos para mais perto do Divino, tanto interior como exteriormente.

Atitudes predominantes

Ainda hoje persistem tabus no que se refere à menstruação, e temos de considerar isso em primeiro lugar. Mesmo a pessoa de mente mais aberta dentre nós pode ter inibições e preconceitos, mesmo que inconscientes, e que devem ser desmontados antes que possamos explorar verdadeiramente a magia e os significados da menstruação.

Na época da redação deste livro, em meados da década de 90, as propagandas sobre proteção higiênica tinham só muito recentemente aparecido nas nossas telas de televisão. O papel higiênico, por outro lado, tem sido, desde há muito tempo, apresentado de maneira engenhosamente caprichosa. A proteção higiênica, usualmente mudada no banheiro e usada por metade da população durante a sua vida adulta, tem sido assunto para discretos murmúrios. Hoje temos absorventes higiênicos e suas virtudes são exibidas – porém o líquido que eles parecem absorver com tanta eficiência é de um azul clínico. Não obstante, o sangue menstrual não é excremento. É da cor do vinho, tem odor pouco intenso e é o testamento para o sacrifício, a criatividade e o poder de cada mulher. É a flor de sua sexualidade – o trocadilho* é intencional! É difícil entender por que a menstruação tem sido, a tal ponto, objeto de ocultação.

Jovens garotas ainda desprezam suas regras, chamando-as de "nojentas", obstruindo-as com tampões e ressentindo-se de sua interferência nas atividades, nos estudos, no trabalho e na vida social, que são, todos eles, planejados no tempo linear, nunca levando em consideração que as rotinas é que podem ser defeituosas, e não os períodos menstruais, e que, talvez, ritmos diferentes – ritmos determinados pelas mulheres – poderiam ser mais convenientes do que as áridas divisões de um cronograma. As mulheres insultam as sinfonias do seu corpo ao chamar seus períodos menstruais de "a maldição". Quem foi amaldiçoado, e por quê? Eva, naturalmente, por ter desafiado a autoridade patriarcal. As atitudes dos homens abrangem a aversão, a evitação, o embaraço, a irritação, a complacência, a simpatia e a prescrição de drogas. Hormônios são administrados, úteros são removidos, como se a coisa toda fosse algum tipo de aberração, e para a consciência masculina pode de fato parecer. O res-

* O trocadilho é entre *flower* (flor) e *flow* (fluxo). (N.T.)

peito, a apreciação, a fascinação, o temor reverente por essa criação da natureza – todos esses estão faltando, e notavelmente entre as próprias mulheres, que raramente levam em consideração que sua dor e seu embaraço podem provir do fato de que seu ciclo está sendo continuamente combatido, como um nadador que luta contra a correnteza. Os períodos menstruais têm sido, desde há muito tempo, uma fonte de vergonha. Para mulheres que competem, no mesmo nível, com os homens no mundo atual eles constituem, na melhor das hipóteses, um incômodo.

As coisas seriam muito diferentes se os homens menstruassem. Haveria cultos, clubes, sociedades criadas para abordar de diferentes maneiras essa manifestação. As pesquisas científicas seriam intensas. A vida de trabalho e de recreação giraria ao redor desse sangramento da máxima importância. Na verdade, é difícil imaginar os incessantes debates, o insondável interesse, a extensão do grau em que essa função seria exaltada! Por que o período menstrual da mulher tem sido objeto de ocultação, de inquietação, de repugnância? Seria porque é uma fonte de poder?

Se as mulheres marginalizam, ignoram ou desprezam seus períodos menstruais, estarão prestando a si mesmas um grande desserviço, e, não obstante, muitíssimas de nós o fazem. Hoje, é comum discutir abertamente coisas tais como TPM (tensão pré-menstrual) e proteção higiênica, mas a sensação de vergonha, de incômodo, de sujeira e de desagrado prevalece. Não consideramos nossos períodos menstruais uma dádiva, uma cadência divina, e um fluxo e refluxo de hormônios que nos proporcionam uma experiência ilimitada de diferentes níveis de consciência, de inspiração criativa. Não nos é permitido valorizar – ou, na verdade, adotar – o retiro meditativo por ocasião do período menstrual. Não reconhecemos o sangue menstrual como belo, como prova de nossa profundidade e de nossa sabedoria como mulheres. Não valorizamos o fato de que podemos nos sentir completamente diferentes em diferentes épocas do mês, de que podemos nos expressar de diversas formas.

Procuramos suavizar o ciclo, limpar a sujeira, e essa atitude é tão generalizada que a maioria de nós não tem idéia da enorme medida em que estamos nos vendendo barato às atitudes dominadas pelo homem, as quais têm prevalecido durante séculos, e como estamos amputando grande parte de nossas capacidades e de nossas potencialidades como mulheres e como seres humanos.

Na presente época, em que a Deusa está ressurgindo, também é tempo de considerar profunda e extensamente em que medida a menstruação tem sido ignorada e desvalorizada. Talvez nossas atitudes precisem ser ajustadas.

Tradição e crenças populares

Há uma profusão de tabus e de histórias a respeito da menstruação. No Levítico, são apresentadas regras relativas à imundície do sangue menstrual. Ter relação sexual na época da menstruação significava aproximar-se de Lilith, a primeira noiva, a noiva negra, de Adão. A tribo dos dogon, na África, segrega mulheres menstruadas numa cabana especial, e eles não são os únicos a adotar esse costume. No entanto, é provável que a origem disso esteja no reconhecimento do poder das mulheres como xamãs e videntes durante esse período, e não na subseqüente atribuição de "imundície". Mulheres de nossa própria cultura podem imaginar a alegria com que essas mulheres se retiravam para a sua reclusão, afastadas das inquietas exigências do dia-a-dia! Plínio escreve a respeito das características más da mulher menstruada. Até mesmo atualmente, atividades tais como nadar e fazer sexo, que podem ser muito desejáveis na época do período menstrual, ainda são, com freqüência, proscritas.

O desejo secreto e a fascinação pelo sangue são revelados nas histórias sobre vampiros, e até mesmo filmes como *O Exorcista* fornecem muito simbolismo associado com a repressão das energias ascendentes da menarca, que são convertidas num demônio aterrorizante e destrutivo. A maior parte das culturas contém um mito segundo o qual, em algum tempo imemorial, os homens roubaram a sabedoria e o poder das mulheres, e embora a menstruação possa ser muito temida, é também imitada pelos homens. A circuncisão na puberdade pode ser uma maneira de competir com o sangue natural vertido pelas mulheres. O rito horrível de fazer um corte no pênis para que ele se assemelhe a uma vagina sangrenta, denominado subincisão, tem significado semelhante, embora muito mais extremado. Um nativo aborígine, citado por Shuttle e Redgrove em *The Wise Wound*, fala sobre os ritos de circuncisão dos homens: "Estivemos roubando o que pertence a elas (as mulheres) [...] Os homens nada têm para fazer, realmente, exceto copular [...]"

É digno de nota o fato de que as culturas em que a menstruação e todos os seus significados associados foram reprimidos sejam as mais agressivas e sangrentas – onde o sangue sábio e delicado não é valorizado, sendo atirado para o inconsciente, lá temos sangue de morte e de destruição. Nossa própria civilização é um excelente exemplo! Em contraste com isso, Jamie Sams, em *The 13 Original Clan Mothers* (ver Bibliografia recomendada), fala sobre a Tradição do Búfalo Branco relativa à busca de cura pelas mulheres em suas épocas de Lua. As mulheres não precisam empreender as exaustivas buscas de visão mais comuns entre os homens. Jamie Sams conta que "O Grande Mistério não exige de mulher alguma sofrimento nem dor. As mulheres já estão desempenhando o seu papel ao dar à luz crianças, bem como ao dar à luz sonhos da humanidade [...]" Cada período menstrual, ou cada fase lunar importante, para aquelas que passaram por uma remoção cirúrgica do útero ou que estão na menopausa, é hora de fazer um retiro e promover uma cura especial e tranqüila.

O medo da menstruação pode ser detectado na caça às bruxas, em que a idéia da mulher "bruxa" dava lugar à paranóia, sendo que só raras vezes foram registradas coisas semelhantes. As mulheres, em seus ciclos menstruais, têm a capacidade transformadora da bruxa. No entanto, a consciência masculina, ligada à metade esquerda do cérebro, aterroriza-se com qualquer poder feminino, exceto o de gerar uma dinastia – ostentando, naturalmente, o nome do pai. O momento em que a mulher tem menos probabilidade de conceber, em que ela poderia subverter os valores culturais aceitos, em que ela poderia ficar inspirada, rebelde, diferente, pode ser visto como bastante ameaçador, e desse modo o sangue torna-se ligado à canibalização de bebês, à destruição dos valores da família, da decência comum e de tudo o que é salutar.

Essas idéias poderão parecer estranhas se você está acostumado a pensar a respeito dos períodos menstruais da maneira culturalmente aceita. Elas são amplamente examinadas em *The Wise Wound* (ver Bibliografia recomendada). Se você aceita a idéia de que os períodos menstruais são uma sujeira repugnante, talvez possa começar a pensar a respeito de todas as implicações, mesmo que isso pareça forçado de início. Não há uma "aura" especial em torno desse assunto – e não está esse ambiente ligado ao desconforto, e até mesmo ao medo? Há um ditado que diz: "Onde há medo, há poder."

Os períodos menstruais e a Lua

O ciclo médio da mulher dura em geral 28 ou 29 dias. A passagem da Lua, desde a Lua nova, prosseguindo pela Lua crescente, cheia e minguante, e voltando outra vez à nova, dura 29 dias e meio. A relação entre esses ciclos é muito significativa. Os ciclos lunares sugerem transformação e renascimento. Eles se prestam a uma concepção cíclica, espiralada, de tempo, em oposição à de um tempo linear. Os primeiros calendários baseavam-se na Lua, e muitas palavras derivam desse fato – menstruação, mês, comensurável, etc. Num certo sentido, a Lua demonstra e simboliza a menstruação da Deusa, Sua natureza cíclica e Sua capacidade de mudar de um aspecto para outro.

A Lua está ligada, desde há muito tempo, aos sentidos instintivos. Quando o Sol desce e a Lua se levanta, as perspectivas se alteram, as sombras se aprofundam, e a chama de uma vela, invisível sob a brilhante luz solar, dança como um demônio para a Lua. Não é somente o ciclo feminino humano que é afetado pela Lua. A atividade sexual dos animais está em seu ápice na Lua cheia. Os arenques e as enguias se movimentam em grande número, os insetos são afetados pelo ciclo. A Lua, deusa das marés, é deusa do útero aquático, e do mar primordial que foi a fonte de toda a vida.

A sintonia que as mulheres têm com o ciclo lunar é uma evidência das suas ligações com as forças da Natureza, com o pulsar da Deusa, e sugere que os períodos menstruais constituem uma chave para a sabedoria intuitiva. Muitas mulheres menstruam na Lua nova e ovulam na Lua cheia, quando a Lua pende no céu como um grande ovo brilhante. Outras mulheres menstruam na Lua cheia e ovulam na Lua negra, e este foi chamado de ciclo da "mulher sábia", pois há sugestões de que ele possa estar ligado à criatividade, ao passo que a ovulação na Lua cheia liga-se mais com o dar à luz crianças físicas. A luz da Lua cheia pode estimular a ovulação nas mulheres que estão tendo problemas nessa área.

Também há mulheres que não menstruam nessas ocasiões, e que podem ter um ciclo diferente do ritmo clássico de 29 dias. No entanto, estudos sugerem que essas podem ainda constatar que os ritmos lunares as estão afetando de maneiras mais sutis – por exemplo, um ciclo mais longo pode se ligar com a Lua nova num mês e com a Lua cheia que ocorre seis semanas mais tarde. Apenas tomando nota cuidadosamente, uma mulher pode assinalar as ligações entre o seu próprio ciclo e o da Lua. Parece que as mulheres que anotaram com cuidado o seu ciclo menstrual, e que trabalharam com ele e aprenderam com ele, experimentam muito menos perturbações durante a menopausa. Se você já está na menopausa, pode ser que nem tudo esteja acabado. Sintonizando o ciclo lunar, observando o fluxo e o refluxo da emoção, do sonho, da sensação, da atividade em si mesmas, em resposta a esses ritmos, pode ser possível recriar exatamente o mesmo ciclo de sabedoria que é oferecido pelo período menstrual mensal.

O modelo da nossa cultura

Parece muito provável que a adoção, por mulheres, de um ciclo menstrual em oposição a um ciclo do cio tenha sido crucial para a formação da sociedade como a conhecemos. Nos seres humanos, o desejo sexual e a receptividade não estão meramente ligados à procriação, mas são contínuos. Desse modo, devido ao período menstrual mensal, parcerias duradouras com todo um espectro de comportamento sexual tornaram-se possíveis. Assim, a menstruação pode ser vista como a maior dádiva da Deusa do Amor, encorajando os seres humanos a explorar os prazeres e as possibilidades dos relacionamentos eróticos em cada nuance do ciclo – o erotismo pode, naturalmente, ser mental, espiritual, emocional, bem como físico. Tendo isso em mente, é uma grande vergonha negligenciar as diferentes e intensificadoras dádivas do período menstrual.

Além disso, naturalmente, a menstruação tem significado que as mulheres às vezes dizem "não" quando se poderia esperar que dissessem "sim". Os animais no cio não negam o sexo para qualquer macho que se aproxime. As fêmeas humanas, por outro lado, são muito mais complexas. Agradá-las, descobrir maneiras de se relacionar com elas e de compreendê-las em muitos níveis é, provavelmente, o requisito para qualquer homem que queira se aproximar sexualmente dela. E, dessa maneira, os seres humanos aprenderam o talento da sensibilidade e da verdadeira comunicação ao longo do período menstrual – as mulheres aprenderam isso com a Lua e o comunicaram aos homens. Z. Budapest, em *Grandmother Moon* (ver Bibliografia recomendada), escreve: "O que as mulheres fizeram com seus corpos liberou nossa espécie do incessante fardo da criação dos filhos e separou a idéia de sexo da de procriação. O sexo tornou-se um fator cultural separado, para o prazer e para o desfrute, para o romance e para os casos de amor. A procriação tornou-se uma escolha para as mulheres, uma escolha conquistada há milênios." Infelizmente, como sabemos, os homens às vezes ficam zangados com as mulheres que dizem "não". Eles chegam a ficar agressivos e coercitivos. Todos podem ver como os homens têm relutado de diversas maneiras em aprender a respeito das coisas "femininas", nos sentidos mais estreito e mais amplo da palavra, e quão destrutiva nossa sociedade se tornou em conseqüência disso.

O poder e a poesia do período menstrual

Assim, qual é a magia do turbilhão de hormônios que constitui o período menstrual, a dupla espiral do útero e do ovário, do estrogênio e da progesterona, da ovulação e da menstruação? Qual é o significado interior das flutuações do humor e dos seus sintomas, e como poderão os nossos períodos menstruais intensificar nossa consciência da Deusa?

O ciclo menstrual é invisível, a saga não cantada do óvulo, mas devemos nos lembrar de que isso ocorre na origem da vida – útero e ovário, onde todos nós começamos, e é *muito* mais do que apenas uma dor de estômago. O ciclo de uma mulher afeta radicalmente sua vida e a das pessoas mais próximas e mais queridas, infiltrando-se nos sonhos dos parceiros e dos filhos, e influenciando igualmente os seus humores. Quando estou no período pré-menstrual, meus filhos têm mau humor, acessos de raiva e acidentes que podem muito bem provocar sangramento. Certa vez, no início do meu período menstrual, meu marido teve um sonho terrível relacionado com uma fruta negra, e acordou dizendo: "Não devemos comprar cerejas negras." Sendo – eu espero – mais sábia, minha resposta simbólica foi sair e comprar cerejas negras, pois os mistérios do período menstrual, da época negra do final e dos novos começos, eram exatamente o que queríamos, e o que ele precisava aceitar. A questão aqui é que diferentes elementos podem emergir da consciência, novas perspectivas, valores internos, o agente transformador, e a mulher com sua maior sabedoria corporal pode atuar como mediadora entre eles, se ela tiver confiança, aceitação. Acidentes e mau humor constituem uma resistência a isso, mas não é difícil ver que a mulher pode receber a culpa por tudo isso, pode ser chamada de "bruxa" e ser perseguida. Devido a isso, enormes continentes de sabedoria foram relegados à terra das sombras.

Muitos mitos falam da descida de uma heroína/herói a um Mundo Subterrâneo, onde lutas de iniciação devem ser travadas antes que se possa alcançar a reascensão. As deusas Inanna e Perséfone vêm à mente, como também a descida de Cristo ao inferno. Essas são metáforas para o transpor do limiar da iniciação em direção à menstruação. Uma criança física não está vindo. As energias se voltam para a criança mágica, para a metade direita do cérebro, para a consciência instintiva, a parte que exige expressão, e não devoção à procriação e à construção de casas. O tempo de sangramento é xamânico, quando a comunhão mística com o corpo e com a "sábia ferida" interior tornam possível a transição para outros níveis de consciência. Os xamãs, tradicionalmente, são "feridos" de alguma maneira, e esse ferimento serve como uma abertura para outras dimensões. No entanto, toda mulher é ferida, interiormente, no seu período menstrual. As energias dos animais de poder podem ficar disponíveis, e o *animus*, ou homem interior, pode aparecer em seu negro disfarce como o mago, ou Deus Cornudo, ajudando a mulher pela sua presença em sonhos. Esse é um momento radical, que pode parecer destrutivo para os valores da família, e haverá então forte resistência por parte das mulheres "maternas" e dos homens em geral, dando lugar a uma severa TPM. Há sentimentos secretos de culpa e de tristeza pelo fato de o óvulo ter "morrido".

O drama do óvulo pode ser a visão diretriz por trás de aventurosas histórias de jornadas perigosas e de atos heróicos. A cada mês, o óvulo "escolhido" abre caminho até a superfície do ovário, e navega pelas trompas de Falópio até o inexplorado mar uterino. Lá, o bem-amado poderá ser encontrado – um esperma fertilizador – e uma ancoragem (nascimento?)* segura acontece na parede do útero. Ou

* Palavras de sonoridade quase idêntica em inglês: *berth* (ancoragem) e *birth* (nascimento). (N.T.)

então o óvulo, como normalmente ocorre, pode ser varrido para o negro mundo dos sonhos do não-ser. Num certo sentido, essa é a metáfora para muitas idéias criativas – possivelmente para o seu desprender-se da carne e a sua incubação, adquirindo forma numa criação ou, mais provavelmente, deslizando de volta para o poço do inconsciente. É uma história de potenciais, de passagens em direção à manifestação e para fora dela, de transformação. É também uma história da tentativa do óvulo-ego de sobreviver, para não ser varrido para o mar sem praias do inconsciente. Nessa ocasião, o "homem interior" pode aparecer em sonhos como uma figura paterna, protetora, que se converte num juiz austero e perseguidor quando se tornar óbvio que a fertilização não ocorrerá. Quando o óvulo é expelido, uma mulher poderá sonhar que foi julgada e queimada como bruxa.

Causa pouca surpresa o fato de que a consciência masculina, com sua orientação baseada na metade esquerda do cérebro e sua maior noção de ego, deva valorizar o processo da ovulação, quando a criação de uma criança tangível pode ocorrer, e a ameaça de significados mais profundos é evitada. Muitas mulheres concordam com essa perspectiva, porém mulheres mais "divergentes" – artistas, ativistas, bruxas – valorizam ao máximo o pólo menstrual de experiências, e podem vivenciar uma síndrome de pré-ovulação à medida que a tensão no óvulo aumenta.

União dos opostos

A menstruação oferece às mulheres a oportunidade de tornar conscientes áreas da psique às quais ainda não se teve acesso. Na ovulação, a lógica do cérebro esquerdo é suprema, mas durante a menstruação reina o cérebro direito instintivo. Cruzar as fronteiras entre eles corresponde a iniciações poderosas. A maior parte das mulheres favorecerá uma das extremidades da experiência, a menstruação ou a ovulação, mais intensamente que a outra, conforme sua tendência seja para se conformar (maternal, dinástica, ovulatória) ou para divergir (artística, individual, menstrual). No entanto, o objetivo é que ambos os pólos da experiência sejam respeitados, e se tornem conscientes e valorizados. Sonhos vívidos prenunciam e vivificam o processo, ajudando a passagem – os sonhos devem ser cuidadosamente anotados em relação ao ciclo, uma vez que constituem a linguagem da mente inconsciente. As mulheres têm ligação entre os dois hemisférios cerebrais melhor que a dos homens, e podem comunicar níveis mais elevados de respostas, de simpatia e de esclarecimento. Nisso, a menstruação pode ser a chave para um diálogo eficiente entre o ego e o inconsciente, entre o lógico e o místico, entre o subjetivo e o objetivo. Não é exagerado dizer que é justamente disso que o planeta precisa. Temos de reter os benefícios da abordagem científica enquanto recuperamos o sentido de unidade, com o Divino e com a natureza, o que pode muito bem ser a nossa única salvação, numa época em que a ciência e o consumismo estão devorando o meio ambiente. O acompanhamento consciente do padrão menstrual, criando diálogo entre os dois pólos da menstruação e ovulação e as experiências drasticamente distintas que elas representam, pode ser a única maneira de alcançar a harmonia e o crescimento na consciência.

A observação da menstruação pode também ser o caminho para o sexo transcendente, respeitando, por assim dizer, as delicadas, instáveis e vigorosas respostas femininas. Nisso, as mulheres mostram o caminho aos homens. O ciclo inteiro pode ser acompanhado por um homem, com a sua companheira, comparando os seus sonhos com os dela e aprendendo a aprofundar as próprias experiências ao identificar-se com ela, intensificando, dessa maneira, o próprio prazer e a profundidade do seu sentimento. Há coisas que os homens só são capazes de vivenciar por intermédio de uma mulher, pois a ligação deles com o corpo, com o ritmo e com a fonte é comparativamente tênue. E o sexo bom – o sexo realmente bom, que vibra no limiar do místico e às vezes mergulha dentro dele – é um caminho para a Deusa. Como afirmam Shuttle e Redgrove: "Que Deus ou demônio separou a religião da sexualidade, a mais elevada aspiração das pessoas de suas maiores capacidades simpáticas?" (*Alchemy for Women*) (ver Bibliografia recomendada). O culto da Deusa mostra-nos claramente que as dádivas do corpo constituem certamente o caminho para o Divino. Nisso, como em tantas coisas, as mulheres podem liderar – e liderança não significa domínio. Significa que aquela que leva a lâmpada segue na frente.

Mitos e deusas

Lilith

Lilith foi a primeira mulher de Adão, e o seu nome deriva do da Rainha do Céu sumeriana, Lil, que significa ar ou tempestade – o lado escuro e selvagem de Inanna. O nome Lilith está também relacionado com a "coruja" – a sinistra ave de rapina que se precipita, silenciosa, na escuridão, e que, não obstante, simboliza toda a sabedoria. O mito hebreu conta como Lilith foi moldada em terra e esterco, contudo todos nós conhecemos a riqueza e o potencial da terra adubada com esterco! Assim, Lilith, embora imunda, era, num certo sentido, igual a Adão, pois foi feita separadamente dele, ao passo que sua segunda esposa, Eva, foi criada a partir de uma costela. Lilith recusa-se a se submeter à autoridade de Adão e foge dele para dar à luz hordas de demônios. Era de Lilith que os homens medievais tinham medo, pois ela vinha até eles em sonhos para sugar o seu sêmen e era também temida como devoradora de crianças. Ela incorpora a energia feminina livre, sexual e animal, os desejos individuais das mulheres não bloqueados por exigências culturais e familiares. É a mulher selvagem, verdadeira para si mesma e para mais ninguém, não se sujeitando às expectativas, seguindo os seus instintos com o esplendor de uma leoa, a atitude furtiva de um morcego. Ela é o que todos os homens desejam e o que mais temem – e é o que todas as mulheres são no fundo do coração, especialmente no período menstrual.

Portanto, Lilith é o espírito menstrual que procura encontrar o seu próprio lugar de repouso, numa árvore seca, numa caverna, na encosta de uma colina ou no estúdio, na sala de estudos, no jardim, na cozinha. É supremamente criativa porque a sua inspiração é pura, não diluída pelas expectativas de ninguém. É vívida e bela, é o tempero da vida, e só é perigosa quando contrariada por aqueles que valorizam exclusivamente as crianças físicas, que a vêem como uma assassina e não valorizam suas dádivas singulares. Uma das dádivas de Lilith é a experiência sexual que entrega a mente e o corpo, abrindo um caminho para os tesouros misteriosos do Mundo Subterrâneo – sexo no período menstrual, quando a concepção é improvável. Quando você menstruar, abra a sua janela para o vento noturno, e convide Lilith para entrar.

Sekhmet

Sekhmet era a deusa solar egípcia com cabeça de leão, e sua juba ardia como labaredas solares. Com Sekhmet, a Deusa ingressa em seu pleno poder, calcinante, ofuscante. Essas energias do tipo solar podem ser sentidas em sua força plena quando o Sol está em conjunção com a Lua, no mesmo signo astrológico, e essa é a época da Lua negra, ou Lua nova quando ela não é visível. E, assim, o tempo da deusa negra é também o tempo da deusa ardente – e a Lua nova é quando muitas mulheres menstruam. O leão, como animal de poder, diz respeito à dignidade de rainha, à selvagem posse de si mesmo, à atividade predadora – e contudo protetora.

Embora tenhamos enfatizado a Lua, houve também muitas deusas solares, e Sekhmet é uma das mais brilhantes e assustadoras. O mito conta como ela ficou sedenta de sangue e massacrou milhares e milhares de seres humanos. Parecia que a sua sede de sangue não podia ser estancada, e os deuses ficaram preocupados porque ela talvez não deixasse vivo nenhum ser humano para venerá-los. Por isso, foram fermentadas 7 mil jarras de cerveja, e pó vermelho foi misturado a ela para que se parecesse com sangue – o número sete é interessante por causa de suas conexões lunares. Quando o Sol matinal surgiu, a Deusa viu seu reflexo na cerveja, bebeu-a e se retirou, ébria, para o seu palácio. E assim a humanidade foi salva.

A sede de sangue de Sekhmet nos fala do forte desejo instintivo para experimentar a ferida interior, para ver o sangue menstrual e para fazer a transição para a experiência menstrual, em que a sede de conhecimento de si mesmo tem esperança de ser satisfeita. Sekhmet vê o seu reflexo – ela não é vampira de uma história de cemitérios macabros, mas encontra a regeneração, como todas as mulheres podem encontrar nos seus períodos menstruais. As energias do período menstrual – como no caso de Lilith – só são destrutivas se forem frustradas. Podemos apaziguar Sekhmet com o nosso sangue à medida que ela se aproxima com passos silenciosos, enredando-se em nossa vida, e partilhar seu poder e sua ferocidade. Suspeito que o mito tenha recebido um acento patriarcal. Sekhmet não deve ser derrotada pela cerveja, mas por meio de nossa rendição a ela, abrindo nossos sentidos a todos os significados, podemos ter um devaneio menstrual semelhante ao causado por algumas drogas e descobrir nosso verdadeiro poder enquanto mulheres. Na época da menstruação, aconchegada na cama, dê uma pancadinha na sua barriga ferida e escute Sekhmet ronronar.

Donzela, Mãe e Anciã

A Deusa Tríplice e a Lua foram discutidas anteriormente. Durante o ciclo menstrual, pode-se ver uma mulher passar por todos os seus aspectos. Após a menstruação, ela está, num certo sentido, "renascida" e poderá sentir-se "donzelizada". Na ovulação, ela é "mãe", com todas as características receptivas e nutrizes, ao passo que, quando o período menstrual se aproxima, ela se assemelha à anciã, e sua visão se volta para dentro. Durante o período menstrual, talvez um quarto aspecto da mulher, um aspecto transformador, seja sentido com mais proximidade. Se o período menstrual ocorrer na Lua nova, a ligação poderá talvez ser ainda mais óbvia. Lembrar-se disso pode ser revelador para mulheres que observam o seu ciclo menstrual.

Exercício

Se vocês acharam este capítulo, até certo ponto, um tanto estranho e novo, um bom "exercício" será refletir a respeito e ver se as suas perspectivas começam a se alterar. Há muito a aprender com este capítulo. Comecemos com questões práticas.

Proteção sanitária

A maior parte da proteção disponível não é benéfica nem para o meio ambiente nem para o corpo da mulher. As substâncias alvejantes e as fibras dos tampões podem causar irritação, e, em casos extremos, o seu uso tem provocado choque tóxico e até mesmo morte. Absorventes higiênicos poluem os mares e são levados às praias pelas ondas. O que poderíamos fazer para remediar isso?

Esponjas menstruais são uma alternativa aos tampões. Para usálas, você precisa comprar uma esponja *natural*, e cortá-la no tamanho requerido. Uma esponja natural será suficiente para supri-la com várias esponjas menstruais, de maneira que você poderá experimentá-las cuidadosamente. O tamanho conveniente para você vai depender das dimensões do seu corpo e do fato de você ser virgem ou não, ter tido filhos, etc. Seja cuidadosa. Embora eu tenha três filhos, o tamanho mais confortável para mim ainda é de apenas seis a oito centímetros de comprimento, e dois a três centímetros de diâmetro. Você poderá usar tamanhos diferentes em diferentes estágios do período menstrual, sendo as maiores obviamente melhores para os dias de fluxo mais intenso.

Para inserir a esponja, você precisará umedecê-la, espremer a maior parte da água e introduzi-la. Poderá sentir que ela é um tanto desconfortável. Depois de algum tempo, talvez perceba que ela começou a vazar, mas, de início, será apenas a água remanescente que sairá primeiro. Quando precisar remover a esponja, faça-o com cuidado para não se machucar, pois ela terá se amoldado ao corpo. É sempre possível tirar a esponja, porém mulheres muito jovens podem sentir pânico. Se são os seus primeiros períodos menstruais, talvez você precise da ajuda de uma mulher mais velha para conhecer melhor o seu corpo. Não empurre demais a esponja, e de início use uma bem pequena. Se você é virgem, poderá sentir dor ao colocar a esponja, a ponto de lhe parecer impossível! Não se preocupe, não há nada de errado com você. Significa apenas que a vagina precisa de uma suave distensão e uma esponja pode não ser adequada no momento.

Uma esponja saturada precisa ser totalmente lavada antes de ser reutilizada, de modo que esse pode ser um método inadequado se o seu período menstrual for abundante e você estiver longe de casa. No entanto, para dias médios e leves, ele pode ser ótimo. Deixe passar alguns meses até você se acostumar com as esponjas, pois de início elas são estranhas. **Nunca** lave sua esponja com sabão em pó ou detergente. – Use apenas água comum e deixe a esponja secar naturalmente se não for reutilizá-la de imediato.

Você também pode fazer pequenos tampões de tecido lavável, utilizando toalhas espessas ou tecidos felpudos, mas esses são mais difíceis de usar, e podem ser inconvenientes para alguns estilos de vida. Mas, se você vai ficar em casa, eles constituem a melhor maneira de lidar com os dias de fluxo mais intensos. Alternativamente, há tampões industrializados reutilizáveis à venda. Isso não é um retrocesso em direção à Idade Média, mas um passo à frente, respeitando o ciclo e cuidando do corpo feminino.

A adaptação da rotina

As rotinas são organizadas para a percepção linear do tempo dos homens, e não para as atividades cíclicas das mulheres, e poderia ser muito mais conveniente para muitas mulheres ter uma interrupção de cinco dias a cada mês em suas atividades, trabalhando mais intensamente nos outros dias. Se você puder adaptar suas atividades ao seu ciclo, faça isso. Se se sentir abatida no período menstrual, sente-se ou deite-se, caminhe, dance e permita-se sonhar. Se os seus sonhos a inspiram, você será capaz de usar mais tarde essa inspiração, mas, por agora, apenas deixe-a fluir, faça anotações ou registre numa fita cassete, se preferir. Porém, até mesmo não fazer nada é benéfico, pois essa época tem valor em si mesma.

Se você está presa a uma rotina no emprego, reserve para si mesma o início da noite, o final da manhã, se puder. Faça o que quiser, na medida do possível, e não se deixe tolher pela rotina de outra pessoa. É claro que você não está doente ou sofrendo de uma disfunção durante o período menstrual, mas suas necessidades são diferentes. Algo pode estar se movendo para a consciência. Talvez você precise de mais espaço. Se puder oferecer isso a si mesma, é provável que sua eficiência nas outras ocasiões aumente muito.

Sexo

O sexo no período menstrual pode ser muito especial, e alivia as cólicas. Longe de evitar o sexo, você pode desfrutá-lo especialmente agora, porém de maneira diferente de outras ocasiões. O desejo sexual tende a ser intenso na ovulação, mas uma intensidade ainda mais profunda pode ser sentida na menstruação, quando a abordagem de uma mulher pode ser mais afirmativa, ou inspirada por níveis mais profundos.

Sonhos

É de importância fundamental mapear os seus sonhos, pois eles constituem uma chave para os significados do ciclo, e fornecem muitas pistas do que você precisa fazer e vivenciar. Anotar os sonhos pode tornar a vida mais colorida e acrescentar a ela dimensões invisíveis. Apenas anotar, sem tentar uma interpretação exata, ajuda nas transformações da ovulação/menstruação, e do racional/instintivo, por exemplo, e os sonhos podem mostrar em que estágio do seu ciclo você está. Por exemplo, é comum sonhar com ovos, pérolas ou jóias na ovulação, ao passo que os sonhos durante a menstruação podem apresentar flores vermelhas e animais. Depois de mapear os seus sonhos por algum tempo, você ficará mais sensível aos significados pessoais que eles têm para você.

Relaxamento e assuntos relacionados

Aprender a relaxar é uma arte, e há muitos livros sobre esse assunto. Alguns métodos são fornecidos, em breves palavras, em *Witchcraft – A Beginner's Guide* e em *Wheel of the Year*, ambos publicados por Hodder and Stoughton. O relaxamento regular será de grande ajuda durante os períodos menstruais, e a massagem, a aromaterapia, os remédios à base de ervas, a homeopatia e a acupuntura são, todos, úteis para os problemas menstruais. O óleo essencial de sálvia é muito usado para aliviar a tensão pré-menstrual, e deve ser dissolvido num óleo de base (de amêndoa-doce ou de sementes de uva, por exemplo), duas gotas para uma colher de chá. Massageie o abdômen ou o dorso com essa mistura para aliviar tensões.

Mandala menstrual

Uma mandala é um desenho circular, um símbolo da totalidade, e o ciclo menstrual se presta para ser representado dessa maneira bela e equilibrada. A contemplação da mandala pode levar a um sentimento maior de completude e a um entendimento da maneira como as diferentes partes do seu ciclo complementam-se umas às outras.

Para fazer uma mandala simples, desenhe um círculo grande e divida-o em quatro. Em seguida, divida cada seção em sete, obtendo assim divisões para os 28 dias. Divida cada seção em subseções, para tomar nota dos sonhos (apenas uma palavra ou duas — relatos completos podem ser anotados no seu diário de sonhos), sentimentos, dores, aflições, alegrias, sexualidade, acuidade mental, etc. Anote também as fases lunares e a situação meteorológica. Você poderá começar no topo, com o primeiro dia do seu período menstrual, e prosseguir no sentido horário. Experimente isso para descobrir o que funciona me-

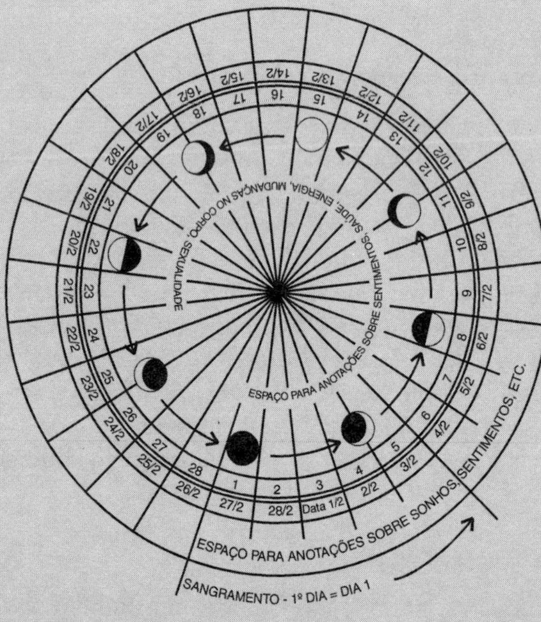

Esta é uma amostra de mês. As fases lunares ocorrerão em diferentes datas para cada mês.

lhor para você. Se o seu ciclo é irregular, você precisará continuar o giro para fora da mandala, numa espiral.

Anotar e avaliar com freqüência o ciclo serve para regulá-lo. Se o seu ciclo dura 29 dias, o que é muito comum, relacionando com a Lua, então a divisão exata em quatro não dará certo para você. Experimente com cores e desenhos. No final, você terá uma figura do seu ciclo que será especial para você.

C. G. Jung, o renomado psicoterapeuta e pensador filosófico, falou muito a respeito do valor da mandala como símbolo da totalidade psíquica. Também falou sobre a integração do lado reprimido da personalidade, ou "sombra", e sobre as quatro funções da consciência – pensamento, sentimento, sensação e intuição. Todas essas idéias são aplicáveis à experiência mensal de uma mulher, pois cada uma das quatro funções pode se salientar com mais força em diferentes ocasiões do ciclo, a função "inferior" menos consciente operando com maior intensidade no período. Além disso, a concepção de Jung do "homem interior" ou *animus* é ativa de diferentes maneiras e com diferentes faces ao longo de todo o ciclo, especialmente nos sonhos. Não é possível abranger detalhadamente aqui todas essas áreas, e sugiro outras leituras a respeito desse assunto (ver Bibliografia recomendada).

Respeito para com o ciclo

A melhor de todas as práticas consiste em respeitar o seu ciclo, amar o seu corpo em todas as suas manifestações, e acompanhar seus sentimentos sempre que isso for possível. O ciclo não precisa ser combatido, reprimido ou desprezado; ele não existe para fazer de sua vida, ou da vida de qualquer outra mulher, um tormento. Mulheres menstruadas desempenham a descida e o retorno da Deusa e viajam através de Suas formas em seu ciclo mensal. A experiência feminina é rica e variada – o mito ingressa na vida. E a menstruação intensifica a vida; portanto, siga em frente com o fluxo!

6 A descida da Deusa

E os picos das montanhas e as profundezas do mar ecoaram com sua voz imortal, e sua mãe, a rainha, a ouviu. Uma dor aguda dominou seu coração. Com suas mãos amorosas ela rasgou o véu que cingia seus longos cabelos de ambrosia...

Homero, *Hino a Deméter*

Muitos mitos falam de deusas arrebatadas para o Mundo Subterrâneo. Esses mitos podem nos ensinar muito. Examinemos dois bastante conhecidos, e procuremos descobrir alguns dos seus significados.

Deméter e Perséfone

No capítulo 3, a respeito da Deusa Tríplice, examinamos a história de Deméter como Deusa Mãe. Sua filha, Perséfone, enquanto estava fora de casa divertindo-se com as amigas, viu uma flor deliciosa e exótica e decidiu colhê-la. Apesar das advertências de suas damas de companhia, que diziam que uma planta desconhecida pode ser venenosa, e que aquele lugar parecia ser perigoso, Perséfone estava determinada a pegar a flor. Foi, cuidadosamente, na ponta dos pés, até ela e começou a puxar. Cada vez com mais força ela tentava arrancar a flor, mas o caule era muito resistente, e as raízes, na verdade, se prolongavam até o Mundo Subterrâneo. Um som de trovão veio de baixo da terra, aumentando de intensidade até emergir num poderoso rugido. As donzelas correram, mas Perséfone continuava a agarrar a planta. A terra se abriu, e dela precipitou-se a biga do rei do Mundo Subterrâneo, Plutão. Ele apanhou Perséfone em seus braços e desapareceu com ela rumo à Terra das Sombras.

Torcendo as mãos em desespero e chamando por ela, Deméter percorreu a terra à procura da filha. Nesse ínterim, tudo começou a morrer, pois a protetora mão de Deméter fora retirada da terra. Quando ficou sabendo para onde sua filha fora levada, ela assediou o Olimpo pedindo que a libertassem. A importância da deusa se vê no fato de que seus pedidos são levados a sério. Negociações entre as divindades olímpicas resultaram no retorno de Perséfone à superfície, onde ela permanece durante oito meses a cada ano. Quando volta para o Mundo Subterrâneo durante os outros quatro meses, sua mãe, Deméter, a deusa da natureza, chora sua ausência, e por isso a terra mergulha no inverno.

É inaceitável a partir de uma perspectiva feminista – ou, na verdade, a partir de qualquer ponto de vista que valorize a liberdade – que o rapto tenha sido dignificado como uma ação que produz o ciclo das estações. No entanto, se procurarmos uma interpretação mais sutil, o destino de Perséfone parece muito diferente. O que é que realmente arrebata Perséfone num vórtice tempestuoso? E Plutão, divindade ctônica do Mundo Subterrâneo, não é ele enviado pela grande Mãe Terra – outro aspecto da Deusa –, em cujas profundezas ele habita? As várias personagens nos mitos podem, com freqüência, ser concebidas como diferentes aspectos da mesma dinâmica e como diferentes forças dentro da individualidade de uma pessoa. Astrologicamente, o planeta Plutão rege o signo de Escorpião – um signo de água de profunda sensualidade e paixão, geralmente encarado como "feminino" e expressando energias yin, juntamente com todos os outros signos de água e de terra.

O rapto da donzela Perséfone – também chamada Kore – pode ser visto como uma metáfora da investida das tempestades da puberdade. Agora, há uma "morte" para o confortável mundo da infância. A entrada no "mundo subterrâneo" da personalidade ocorre nessa época. Perdemos nossa "inocência", deixando os castelos de fadas da infância para ingressar nos dramas do nascimento, do sexo e da morte. Estes estão todos ligados, no sentido de que nos transformam, nos ligam à terra, nos mostram nossa mortalidade e, contudo, nos ligam a algo maior. Antes do século XX, toda mulher que se aproximava do momento do parto sabia muito bem que corria risco de vida. Ainda há uma brutalidade no que se refere ao ato de dar à luz, encoberta por parteiras condescendentes e por graciosos cartões comemorativos do nascimento. Dar à luz é um contato com a Deusa negra, e o fato de que isso não é nem minimamente respeitado pode estar por trás de grande parte dos casos de depressão pós-parto. A experiência de iniciação não recebeu a devida atenção.

O sexo, como pré-requisito natural para a gravidez e o nascimento, também nos liga com forças interiores implacavelmente sombrias. É uma verdade trivial que "sempre ferimos aqueles que amamos" – ninguém consegue feri-lo mais do que o ser amado, ninguém mais tem a linha direta para os seus recônditos e para as suas rachaduras mais vulneráveis. Ódio e amor estão muito perto um do outro. O orgasmo foi descrito como "a pequena morte". Perdemos a nós mesmos naqueles a quem amamos, e se o relacionamento é basicamente bom, encontramos a nós mesmos sob uma nova forma. O sexo é uma iniciação.

A morte é a iniciação final – ninguém pode ter certeza, em sua consciência "racional", do que há além, mas temos uma sensação de que o nascimento, o sexo e a morte estão ligados num significado além do óbvio. A abordagem patriarcal, temendo esse domínio obscuro, reduziu o nascimento a um evento médico, fez regulamentos para controlar o sexo e produziu uma descrição claramente definida da vida após a morte, como se fosse a simples remoção para algum hotel celeste ou para um porão infernal. Naturalmente, isso é simplista, contudo constitui a base de muitas crenças – ou não-crenças. O mito de Perséfone nos dá a certeza de que a morte é seguida pelo renascimento.

Os deuses decretaram que Perséfone poderia retornar ao mundo superior se nada tivesse comido no Hades, porém ela comera uma romã. Isso significa que deve retornar periodicamente para baixo do solo, assim como a semente, pois a romã que sela o seu destino é um símbolo de fertilidade.

A história de Perséfone é talvez mais bem entendida como um encontro com a Deusa interior e exterior. Perséfone descobre outras leis, que se referem às forças da Natureza, às forças da paixão, da destruição, da transformação, leis que as regras dos homens não conseguem subjugar, nem mesmo entender o sentido. O fato de que Perséfone e Deméter sejam, elas mesmas, deusas, nos lembra de que a Deusa existe *dentro* do drama, imanente nele como em tudo o mais. Ela não o decreta e permanece à parte.

Há ocasiões na vida em que tudo o que podemos fazer é nos render a essas forças e deixar que elas nos modifiquem. Deméter, a mãe aflita, Perséfone, a menina-mulher assustada (porém excitada?), Plutão, o raptor implacável – todos esses são aspectos do mesmo drama interior, e podemos encontrar cada um deles dentro de nós mesmos e dentro de nossa vida em pontos cruciais. Quando nos sentimos compelidos a um curso de ação, lamentando que essa escolha possa nos prejudicar, assustados e, mesmo assim excitados, então estamos no processo de uma mudança interior que é tão válida como a transição do verão para o inverno. Quando Perséfone torna-se a Rainha do Mundo Subterrâneo, alcançamos um poder maior como resultado dessas experiências. Podemos estar certos de que a Deusa está nos ensinando algo.

Inanna e Ereshkigal

Inanna (também chamada de Ishtar) foi a grande deusa sumeriana do céu e do inferno. Uma poderosa rainha, ela entregou-se à luxúria, combateu e dispensou as leis da civilização, chamadas de o "eu". Esses não são preceitos morais, mas uma ordem natural e arquetípica da existência; entretanto, Inanna é vista como uma deusa que confere justiça e proporciona conforto.

Poderosa e voluntariosa, a rainha celeste decide que viajará até o Mundo Subterrâneo para visitar sua irmã Ereshkigal, que lá governa. Como todos os que procuram ingressar nos domínios da morte, ela é desafiada ao chegar. Ao ficar sabendo de sua presunção, sua irmã grávida Ereshkigal, que enviuvara recentemente, fica furiosa. Ela insiste para que Inanna receba o mesmo tratamento dado a todos os outros visitantes. Assim, uma peça do esplêndido vestuário de Inanna é removida em cada um dos sete portões, e ela é levada diante de sua irmã "nua e com o corpo curvado até o chão". Não apaziguada, Ereshkigal a mata e pendura seu corpo num gancho, onde ele se transforma numa carcaça podre.

Três dias depois, vendo que ela não voltava, sua ajudante Ninshubar pediu a ajuda de deuses e de seres humanos para resgatá-la. Finalmente, Enki, deus das águas e da sabedoria, molda dois pranteadores hermafroditas com a terra vermelha tirada de sob as unhas dos seus dedos das mãos. Esses pequenos seres deslizam, sem ser percebidos, para o interior do Mundo dos Mortos. Deparando com Ereshkigal, gemendo com ela suas dores do parto, com desespero e aflição, os pequenos pranteadores partilham os sentimentos da deusa solitária. Não procurando aliviá-la com um consolo falso, mas sim conferindo às emoções o reconhecimento devido, eles são os primeiros terapeutas! Ereshkigal, curada e grata, sente-se incitada a restituir a vida a Inanna.

Atravessando cada um dos sete portões, irrompe a grande deusa, reivindicando suas brilhantes insígnias reais, item por item. Resplandecente demais para ser contemplada com os olhos, ela retorna furiosa ao Mundo Superior, cercada por demônios que estão à procura de um substituto dela para levar de volta ao Mundo dos Mortos. Ao descobrir que seu marido Dumuzi (também chamado Tammuz) não a pranteou, mas que esteve festejando e se divertindo, ela lança sobre ele o terrível olhar da morte. Dumuzi é assassinado, e toma o lugar de Inanna, mas a irmã dele, Geshtinanna, implora por sua vida, e assim Inanna decreta que eles dividirão o tempo, e cada um passará metade do ano no Mundo Subterrâneo. Porém,

Inanna pranteia Dumuzi quando ele está perdido para ela – e assim, Dumuzi/Tammuz é um aspecto do deus da vegetação que morre e ressuscita, o Filho-Amante, com o qual já nos familiarizamos.

Comentário

A descida de Inanna parece, em face disso, ser mais uma escolha voluntária, ao contrário da descida de Perséfone, mas há muitas semelhanças. A presente história é mais antiga, crua e severa, com a morte e a decomposição como precursores explícitos do renascimento numa nova consciência.

Ereshkigal tem muito a ensinar às "filhas do patriarcado" – aquelas de nós que assumiram o papel da brilhante realizadora intelectual, ou que abraçaram o papel socialmente aprovado da "delicada" mãe e esposa. Ao viver esses papéis, amputamos o Feminino arcaico, o domicílio de Ereshkigal, que é nossa verdadeira fonte de poder. Ela é a consciência matriarcal, que vê a morte e a vida como transformações que fazem parte de um *continuum*, cultivando sementes, ceifando, morrendo, cultivando novamente, enquanto para o patriarcado a morte é a destruição da vida, e deve ser controlada pela ordem "moral" e mantida a distância. A respeito do domínio de Ereshkigal, Sylvia Perera (ver Bibliografia recomendada) tem a dizer o seguinte:

> *Naquelas profundezas, recebemos um sentido do poder cósmico uno; lá, somos movidos, e nos é ensinado, por meio da intensidade dos nossos efeitos, que há um processo de equilíbrio vivo. Nesses níveis, o ego consciente é esmagado pela paixão e por imagens numinosas. E, embora sacudidos, e até mesmo destruídos na maneira como conhecíamos a nós mesmos, somos reprogramados num novo padrão, e cuspidos de volta na vida comum. Essa jornada é o objetivo dos mistérios de iniciação e do trabalho sobre o plano astral em magia, mesmo que o objetivo seja o da regressão terapêutica (tanto para homens como para mulheres) [...] a história da descida de Inanna é a revelação de um*

ritual de iniciação, e é altamente relevante para a experiência feminina atual.

Quando ingressamos nesse "mundo subterrâneo", fazemos isso despojados de nossas realizações e de nossos adornos, estamos totalmente nus diante desse poder primitivo. Embora lá devamos nos submeter à "morte" de uma parte de nós mesmos, ingressar numa "noite escura da alma" onde nada podemos controlar, e onde devemos simplesmente esperar, como se fosse o processo da digestão — todas essas funções autônomas são território de Ereshkigal. A única ajuda que podemos receber, ou talvez dar a nós mesmos, é a aceitação e talvez a validação, como o fazem os pranteadores de Enki. Finalmente, somos liberados num novo poder. Podemos nos sentir livres para mostrar fúria, para realizar uma ação, onde antes estávamos inconscientes disso. Inanna retoma o poder a Dumuzi, onde talvez ela tenha antes oferecido muito a um homem que a apreciava apenas como uma doadora de prazer e de fertilidade. As ações de Dumuzi podem também ser vistas como o desafio de um igual, o amante que testa o nosso senso do Eu e ativa nossos complexos, e como tal ele é restabelecido, porém somente no devido tempo, e como parte da lei natural, isto é, da lei das estações.

Um exemplo

Para aqueles de nós que suportaram experiências angustiantes, grande parte do mito pode fazer sentido imediato. No entanto, no caso de ele parecer obscuro e teórico, inventemos um exemplo tirado da vida real:

Uma mulher, apaixonada por um homem, caminha no róseo brilho do amor, a realização da conquista romântica. Ela pode também sentir-se recompensada pela maternidade. No entanto, grande parte dela está "adormecida" e sendo vivida por seu parceiro, e muita coisa pode estar reprimida pelo preenchimento de um papel patriarcalmente determinado. Ela está sendo uma "boa menina" e perdeu contato com seu lado mais primitivo. Gradualmente, ficou ciente de que o relacionamento não a está satisfazendo, ou (com mais freqüência) o homem se comporta de modo pernicioso e a rejeita – ele não é como ela supõe que seja e não pode desempenhar o papel de que ela precisa. Agora pode começar a "descida ao mundo subterrâneo". Despojada, pouco a pouco, de tudo o que antes dava significado à vida, ela permanece nua e indefesa diante de suas realizações interiores, e, não obstante, não consegue escapar. Assim como o cadáver no gancho, ela está presa – quantos de nós estamos "presos" por nossas obsessões e fixações num inferno fabricado por nós mesmos, sabendo do nosso engano e, contudo, sendo incapazes de escapar? E assim sofremos horrivelmente. Sentimos como se uma parte de nós morresse, talvez a parte que toma decisões, e, como Ereshkigal, podemos apenas nos sentir miseráveis, esperando que alguma coisa, não sabemos o quê, tome o seu curso. Felizmente, no devido tempo, com a ajuda correta e não invasiva, algo muda. Pouco a pouco, nossa mulher do exemplo compreende que a maneira como esteve vivendo significou a repressão de grande parte do seu potencial. Sua experiência angustiante pode ser vista como a única maneira de encontrar alívio, que ela pode, inconscientemente, ter buscado – e agora ela está mais forte. Assim como Inanna, ela está "cercada por demônios" – ela reivindicou seu valor próprio, e com ele sua raiva. Vendo o amante sob uma nova luz e agora capaz de agir sozinha com base em seus próprios instintos, ela rompe o relacionamento, ou o reestrutura de uma forma mais conveniente, a partir de uma posição de maior poder.

Esse exemplo não é original nem completo, mas é um exemplo que muitos de nós podem reconhecer nos amigos ou em nós mesmos – embora, infelizmente, muitas pessoas permaneçam num "mundo subterrâneo" de depressão por muitos anos. Embora casos de amor sejam, em geral, uma das principais causas desse tipo de experiência, ele pode vir sob todas as formas de disfarce, desencadeado por mudanças de carreira, relacionamentos não eróticos, perda ou simplesmente pode chegar até nós como uma depressão que não conseguimos entender.

E assim, a descida da Deusa nos ensina a respeito de nossas próprias profundezas – o "mundo subterrâneo" de nossos próprios complexos e desejos –, coisas diante das quais podemos recuar, mas que têm muito a nos oferecer se forem desafiadas – e nem sempre temos uma escolha quanto a "enfrentá-las"! Nós, mulheres, temos acesso a domínios pré-verbais, intensamente criativos e, todavia, assustadores, que ocorram antes que o julgamento e a lógica entrem em cena. Em última análise, isso diz respeito ao restabelecimento de nossa própria ordem "natural", que tem a ver com nosso poder como mulheres – feminilidade legitimadora e em estado bruto. Num nível coletivo, podemos entender que os domínios da Deusa negra, onde a lei natural flui e palpita ao longo de passagens subterrâneas, onde as implacáveis regras de vida e morte são entronizadas, não podem ser evitados, mas precisam ser incorporados em toda visão de mundo que quiser ser completa. São os domínios pré-verbais do instinto, os ciclos da decadência e do crescimento. Se não lhes for dado o devido respeito como fundamentos da nossa vida, há o risco de eles se abrirem e nos engolirem – como a terra que se fecha sobre a biga de Plutão, como um holocausto de guerra e de poluição poderá fazer conosco se permanecermos inconscientes da importância dessas áreas.

Exercício

No final deste capítulo, podemos indagar a nós mesmas sobre quanto espaço reservamos em nossa vida para a Deusa negra que há dentro de nós, Ereshkigal, aquela parte de nós que não é "delicada", mas que realmente conhece a vida. Acaso honramos nossos sentimentos viscerais? Até onde confinamos a nós mesmos dentro de papéis que são socialmente aceitáveis, quando podem não ser uma expressão do nosso verdadeiro eu? Que pedaços de nós relegamos a um "mundo subterrâneo", inferior, atemorizados demais até mesmo para olhar para eles?

A exploração dessas partes de nós mesmos é uma longa jornada. Você pode achar útil e interessante pensar a respeito do conteúdo deste capítulo com relação à sua vida. Se ele não lhe parecer totalmente relevante, tire dele somente as partes que lhe pareçam interessantes e mentalmente instigantes.

7 A Deusa de muitas faces

Sou o fluir e o copo que está cheio,
Sou o sangramento e sou o sangue,
Sou a mulher que grita na rocha,
Sou a criança que cresce sábia no Sol,
Sou a Lua que aumenta até ficar cheia
Sou a irmã que vem do sul
Sou a dança do bebê no útero
Sou o Espírito que sopra na terra ...

"I (Am the Spirit)", Carolyn Hillyer, extraído do álbum *Heron Valley,* Seventh Wave Music, 1993

A Deusa permeia a totalidade da vida, e chega até nós sob muitos disfarces. Examinemos algumas de Suas manifestações.

Mestra de magia e cura

O culto da Deusa leva-nos naturalmente ao domínio mágico por várias razões. Em primeiro lugar, refere-se aos níveis instintivos, onde as regras da lógica não funcionam. Isso não significa que cedemos à tola superstição, mas que percebemos significados e ligações ocultas – forças que não são necessariamente "científicas". Trata-se apenas de um pequeno passo a partir da valorização da intuição – tradicionalmente uma esfera feminina. Em segundo lugar, o culto da Deusa significa encorajar ativamente a revelação pessoal e o misticismo. A partir dessa perspectiva, torna-se evidente que tudo está ligado na teia cósmica, e, desse modo, qualquer ação afeta o todo – a magia é a arte de manipular essas ligações. Em terceiro lugar, aqueles que cultuam a Deusa sentem-se encorajados a desenvolver o próprio potencial da maneira que lhes parecer mais adequada. A Deusa não nos pede para curvarmos a cabeça, humilhando-nos como suplicantes. Ela nos encoraja a fortalecer nossa própria vontade e criar as circunstâncias de vida que queremos e necessitamos. A magia é "a arte de causar a ocorrência de mudanças em conformidade com a vontade".

Houve muitos motivos para a caça às bruxas na Idade Média, entre eles a ganância e a paranóia. Principalmente a abordagem masculina e orientada pelo *logos* teme e macula as qualidades primordiais, intuitivas e extáticas do antigo culto à Deusa. A bruxaria é, em essência, culto à Deusa. Nada tem a ver com o diabo, no qual as bruxas não acreditam. Nem é má, a não ser na definição das pessoas que chamam de "má" qualquer coisa que não subscreva os seus dogmas. "Bruxa" é uma palavra muito carregada, até mesmo hoje, e as pessoas são bastante cuidadosas ao usá-la. No entanto, é uma palavra que palpita com poder feminino em estado bruto. Muitas fitoterapeutas, parteiras, agentes de cura e antigas feministas (bem como um número esmagador de pessoas comuns que eram simplesmente desafortunadas) morreram em nome da palavra "bruxa". Bruxas são quase sempre agentes de cura de algum tipo. Atualmente, as bruxas estão aumentando em número – ou será que agora elas podem aparecer mais? O assunto é amplamente examinado em *Witchcraft – A Beginner's Guide*, (ainda não publicado em língua portuguesa). Para os nossos mitos sobre bruxaria, examinemos duas deusas gregas, Hécate e Circe.

Hécate

Hécate é uma figura evocativa, misteriosa e sinistra. Originalmente, era uma deusa tríplice, mas chegou até nós principalmente como Anciã. Era deusa das encruzilhadas, porque nelas pode-se olhar para três caminhos, e era nas encruzilhadas que se deixavam oferendas para ela. Quando caminhava pela escuridão com passos largos e silenciosos, seus veneradores se retiravam para dentro de suas casas para fazer festas em sua honra e segredar os caminhos da feitiçaria. Hécate é uma divindade que não deve ser encarada levianamente!

Era, originariamente, titã pré-olímpica, mas conservou seu poder na Grécia clássica, e podia conceder ou retirar qualquer coisa que quisesse. Comandava as hordas de fantasmas dos mortos e presidia sobre os segredos da regeneração. Seus animais eram o cão e a serpente, e o tempo escuro da Lua nova era o seu domínio, quando ela se sentava nas encruzilhadas, remexendo vigorosamente o seu caldeirão. Uma história posterior nos conta que era filha de Zeus e de Hera, os monarcas olímpicos. Ela roubou o ruge de sua mãe para dar a Europa – uma das muitas amantes de seu pai. Fugindo da ira materna, ela veio à Terra e escondeu-se na casa de uma mulher que estava em trabalho de parto, de onde os Cabírios, divindades ferreiras do Mundo Subterrâneo, transportaram-na até o Aqueronte e a mergulharam na correnteza. Assim, ela se tornou uma grande deusa do Mundo Subterrâneo.

É uma história de travessuras e de fronteiras rompidas que parece trivial. Provavelmente recebeu um viés patriarcal. Podemos detectar dentro dela ligações entre os poderes transformadores do nascimento, da sexualidade e da morte. Hécate não é uma figura moral e não tem muita lealdade filial. Em vez disso, é parte da mão modeladora do Destino. Ela entende que os casos de amor de seu pai fazem parte do destino, está ligada com os semideuses da arte transformadora do ferreiro, e se "esconde" onde nasce um bebê. A mensagem de Hécate é a de que a escuridão precede a luz, a morte é parte da vida, e o conhecimento verdadeiro e transformador provém da integração de ambos. Quando estamos com dificuldade para entender o nosso mundo, precisando ter acesso a partes profundas de nós mesmos para ser bem-sucedidos, então podemos olhar para fora, numa noite sem lua, e chamar Hécate, para que nos guie até nossas profundezas e nos ajude a retornar.

Circe

Filha do Sol brilhante e da rainha cretense Pasífae, mãe do Minotauro, Circe vivia na ilha de Ea, numa casa de pedra cercada por leões e lobos. O herói errante Ulisses sucumbiu aos seus encantos e foi o pai dos dois filhos dela. Seus homens foram transformados em porcos pelo feitiço de Circe. Assim, ela nos revela nossa natureza animal e como as perspectivas podem ser alteradas, de modo que aquilo que era familiar torna-se estranho e vice-versa, e tudo o que pensávamos que podíamos fazer recua, deixando-nos com qualidades que podemos ter negligenciado. O porco é uma criatura fértil, freqüentemente associada com o Mundo Subterrâneo. Senhora dos desvios e dos meandros secretos, podemos chamar por Circe quando soubermos que a abordagem direta não funcionará e precisarmos de uma pequena mágica para conseguir o que queremos.

Transcendência

A transcendência (isto é, o elevar-se acima da paisagem cotidiana e olhar para além dela e para dentro dos domínios do eterno) não é meramente a província do Deus Pai, embora com as deusas isso assuma uma perspectiva bem diferente. As deusas raramente são representadas repudiando o corpo físico, e o culto à Deusa encoraja a transcendência por meio da sacralidade do físico, e não considerando-o inferior. Atena, deusa grega da sabedoria, descrita como tendo nascido da cabeça de seu pai, Zeus, naquilo que pode ser considerado como uma ultrajante caricatura do nascimento, tem ainda suas ligações com a terra e com o Mundo Subterrâneo na forma da Górgona com serpentes na cabeça que ela usa em seu peitoral.

Os pássaros, um dos mais antigos símbolos da Deusa, são signos de transcendência. Examinemos a história de uma deusa gaulesa para ilustrar isso.

Blodeuedd

Blodeuedd foi a bela deusa com rosto de flor feita de olmeira, carvalho e giesta pelos magos Math e Gwydion, para ser a mulher de Lleu Llaw Gyffes, sobre o qual pesava a sentença, imposta a ele por sua mãe, a deusa Arianrhod, de que ele nunca se casaria. Seu destino fora decretado devido a uma travessura anterior dos magos; estes, porém, não intimidados, descobrem uma maneira de contornar a sentença. No entanto, nem eles nem o afetuoso marido pensaram em perguntar a essa encantadora deusa se ela queria se casar com Lleu!

Embora de uma beleza etérea, a implacável lei da natureza animou Blodeuedd, que era, no final das contas, feita de vida vegetal. Ela se apaixonou por Gronw Pebr, um caçador que avistara da janela do seu castelo, e eles tramaram a morte de Lleu, que só poderia ser assassinado em circunstâncias inusitadas, devido à sua natureza divina.

Depois da morte de Lleu, Blodeuedd foi transformada numa coruja, uma criatura que assombra a noite, longe dos macios leitos dos amantes, despedaçando as presas com seu bico cruel. Lleu é transformado numa águia ferida, e a carne podre que cai de suas chagas é comida por uma porca. Gwydion o restaura para que se vingue de Gronw, mas, durante a noite, no castelo de pedra, ele ouve a voz solitária da coruja e anseia pelos suaves braços de sua donzela-flor.

Ser transformada numa ave de rapina pode parecer uma punição, e provavelmente foi essa a intenção. No entanto, lembremo-nos de que a Deusa, representada como pássaro, foi retratada pondo o Ovo do Mundo. A coruja é uma integração de opostos, a donzela-flor e a traidora, o dilacerador bico da destruição equilibrando os poderes geradores do útero, e essa união significa transcendência e sabedoria. Também associada com Atena, a coruja tem, desde há muito tempo, significado sabedoria, belo pássaro noturno, vindo diretamente dos mistérios da Deusa negra. Quanto à águia de Lleu, uma águia também é símbolo de transcendência, mas de um tipo mais polarizado. Ferida, tendo sua carne comida por uma porca, somos lembrados de que todos os que querem ascender não devem se esquecer de que a morte e a decomposição fazem parte do ciclo. Blodeuedd nos lembra de que a verdadeira sabedoria respeita a lei natural, enquanto procura por panoramas mais amplos do Espírito.

Protetora divina — Kuan-Yin

Podemos chamar a Deusa para nos ajudar nas horas de necessidade, pois ao fazê-lo conjuramos Sua presença em nossa alma. Muitas deusas são protetoras, e a figura católica da Virgem Maria tem sido, desde há muito, representada intercedendo pelas almas dos seres humanos. O budismo chinês oferece a figura da bodhisattva Kuan-Yin, como uma imagem de feminilidade redentora e cheia de cuidados. Kuan-Yin é a divindade mais poderosa do panteão chinês, e seu nome significa "aquela que ouve o mundo que chora".

Um bodhisattva é alguém que atingiu a iluminação completa, mas, em vez de prosseguir até um estado de pura energia e união com a fonte divina, retorna à Terra para ajudar todos os que precisam. Kuan-Yin prometeu permanecer conosco até que cada criatura viva tenha encontrado a iluminação. Seu nome sozinho já é uma invocação de paz, de misericórdia e de proteção contra todo dano. Quando estamos com medo, confusos, ameaçados de qualquer maneira, espiritual ou fisicamente, então podemos chamar Kuan-Yin para que nos envolva com sua luz e nos banhe nas águas do seu amor.

A deusa do amor — Afrodite

A deusa abençoa todos os atos de amor e de prazer. Certamente, Ela sorri para o amor sexual, pois ele oferece auges de prazer humano e também cria uma entrada para os seus mistérios. Para um exemplo de deusa do amor, somos inevitavelmente atraídos para a grega Afrodite.

Embora Afrodite fosse trivializada no panteão olímpico emergente, seu poder era terrível, e até mesmo o Rei dos Deuses, Zeus, ficava à sua mercê quando ela assim o decretava. Afrodite era chamada de "nascida da espuma" porque nasceu do mar, quando os órgãos genitais de seu pai, Urano, castrado por seu filho Cronos, caíram nas ondas. Seu nascimento foi o tema da famosa obra-prima de Botticelli, *O Nascimento de Vênus*. Afrodite é, na verdade, uma descendente da sumeriana Inanna, a Ishtar assírio-babilônica, a Astarte fenícia e a Ashera hebraica – ela evolui a partir de uma longa linhagem de grandiosas deusas do Oriente Médio.

Afrodite é a patrona da pura luxúria e do deleite físico – ela não é nenhuma "loira burra", mas resume o poder do sexo, que energiza cada canto do cosmos. A lenda narra o seu amor pelo belo jovem Adônis ("Adonai" significa "Senhor" em hebreu), que era um ávido caçador. Ela implorou para que ele desistisse desse perigoso esporte, mas ele riu e alegremente continuou a praticá-lo. Adônis foi mordido até a morte por um urso selvagem e desceu ao Hades, onde a rainha Perséfone, encantada por sua beleza, recusou-se a devolvê-lo para a suplicante deusa. Finalmente, foi feito um acordo segundo o qual Adônis deveria viver quatro meses sozinho, quatro meses com Afrodite e quatro meses com Perséfone. O tema familiar do deus que morre e renasce, companheiro da Deusa, está aqui presente mais uma vez. Patricia Monagham (ver Bibliografia recomendada) vê em Afrodite, assim como em outras grandes deusas, a "[...] descrição simbólica do amor sem esperanças da própria terra pela vida que ela continuamente produz e inevitavelmente consome". Podemos reconhecer em Afrodite a Deusa cujo amor apaixonado restitui até mesmo os mortos à vida.

Mulher Búfalo Branco

Os nativos norte-americanos narram como a Mulher Búfalo Branco comunicou o segredo do cachimbo da paz aos seres humanos. O búfalo é um animal ao qual é concedida muita honra, pois ele supre todas as necessidades dos nativos, oferecendo a carne como alimento, a pele para as vestes e tendas e os ossos para diversos usos. Desse modo, essa deusa surge como uma representação dos poderes da vida.

Vestida de branco e adornada com ricos ornamentos, ela apareceu primeiro a dois jovens. A despeito das advertências do amigo, um deles correu para abraçá-la. Sorrindo, ela o recebeu, e uma nuvem branca surgiu do nada para envolver o seu abraço. Quando desapareceu, a mulher estava sozinha com o esqueleto do homem aos seus pés.

Apavorado, o outro jovem a conduziu até a aldeia, e, enquanto caminhavam, ela lhe contou que seu companheiro recebera exatamente aquilo que procurava. Quando chegou à aldeia, ela comunicou ao povo as cerimônias do cachimbo sagrado. O cachimbo representa a união do macho e da fêmea, no tubo e no fornilho, e a fumaça que passa por ele é o Espírito que informa e que liga. Dizendo ao povo para sempre se lembrar de honrar a Mãe Terra, ela se transformou num búfalo branco e desapareceu.

Essa história ilustra o poder da sexualidade como um princípio unificador. Mostra também o seu potencial destrutivo quando mal utilizada, e sua ligação sutil com o processo da morte – como o primeiro jovem descobriu!

Deusas da destruição

A Deusa incorpora tanto a morte quanto a vida, tanto a destruição quanto a criação. Isso pode representar um impasse em nossa cultura, comprometidos, como estamos conscientemente, com a preservação da vida a qualquer preço, e é fácil condenar como "má" qualquer coisa que destrói. No entanto, o metabolismo envolve o catabolismo assim como o anabolismo, a decomposição e o adubo de estrume fertilizam o novo crescimento, e é a morte que dá à vida o seu significado. Deve-se dizer também que, apesar de nossa suposta reverência à vida, à nutrição e à positividade, nossa sociedade é a mais violenta da história registrada, com capacidade para a destruição global. É claro que alguma coisa não está certa.

Naturalmente, um dos problemas de abraçar a luz, por assim dizer, é o fato de que algo então cai na sombra. Quando nos identificamos exclusivamente com o lado luminoso da polaridade trevas/luz, o outro lado é então procurado fora de nós, em vez de encontrarmos honestidade e equilíbrio interior. Infortúnios e eventos desagradáveis são vistos como erro de alguém ou de algo, e assim lutamos até a morte, incorporando o próprio poder assassino que procurávamos extinguir. Naturalmente, não há uma resposta fácil para isso, mas podemos começar por conceder o devido respeito à Destruidora Divina, pois Ela é de fato a Deusa, e embora não procuremos nos comportar como Ela, mais do que podemos imitar qualquer outra deusa, Ela pode nos mostrar como fazer as pazes com os aspectos mais obscuros de nós mesmos e com as mortes em nossa vida.

Kali

Uma das deusas mais aterrorizantes é a indiana Kali, e a lenda diz que é a sua dança que trará o fim do mundo. Ela dança com Shiva, Senhor da Dança, e dança melhor e com mais emoção sobre a carne fria e morta de suas vítimas. Kali se adorna com corpos desmembrados como se fossem jóias. Tem três olhos, a língua saliente no rosto negro como carvão e carrega a morte no útero. Kali foi criada como resultado de uma ameaça feita por um demônio à deusa Parvati – deusa dourada do amor sexual. Quando a fúria se avolumou em Parvati, do seu corpo emergiu Kali, que rapidamente matou o demônio – mas agora, atirada para o mundo, Kali não podia mais ser destruída nem controlada. Era às vezes reverenciada com sacrifícios sangrentos.

Para os hinduístas, todas as deusas são, em última análise, uma deusa única, aspectos da grande deusa Devi. No entanto, Kali é uma de suas representações mais estimadas. Isso pode parecer realmente estranho, a não ser que entendamos a importância espiritual de Kali. Patricia Monaghan escreve: "Como símbolo do pior que podemos imaginar [...] ela nos oferece uma oportunidade para encarar nosso próprio terror da aniquilação [...] Kali [...] é uma deusa bem-aventurada. Uma vez encarada e entendida, Kali liberta seus veneradores de todo o medo e se torna [...] a mais consoladora das deusas."

As Valquírias

As donzelas guerreiras sobrenaturais, voando sobre a carnificina da guerra e evocadas de modo tão excitante por Wagner, têm uma essência mais antiga e ainda mais poderosa. Foram as deusas que teceram a teia da guerra com lanças, flechas, cabeças humanas e sangue, determinando o resultado da batalha que estava por vir. Completado o seu horrível trabalho, elas voavam como abutres para devorar os corpos dos mortos. Uma lei em si mesmas, elas ensinavam magia aos heróis que decidiam salvar, e têm muito em comum com as Parcas gregas. Às vezes, assumiam a forma de corvos ou lobos, mas apenas os que eram dotados de clarividência conseguiam vê-las, pois os mortais comuns viam somente a aurora boreal bruxuleante lambendo os céus acima do campo de batalha.

A Deusa guerreira

A Deusa pode também aparecer como uma adepta marcial. Isso é bem diferente dos destrutivos poderes de Kali, que tudo abrangem, e que exemplificam forças muito primitivas. Em vez disso, a Deusa Guerreira é afirmativa – a vontade indomável que luta pelo certo e pela identidade. Essa característica tem sido, com freqüência, encarada como masculina. No entanto, Sylvia Perera (ver Bibliografia recomendada) equipara Ereshkigal, que vimos no capítulo 6, ao "yang feminino". O gancho de Ereshkigal pode ser visto como um "falo feminino", que pode preencher o útero vazio com uma "nova e santa atitude para com a vida". Essa é uma força mais ligada à terra e ao solo do que a masculina, e, não obstante, se isso se fizer necessário, ela pode impregnar uma mulher com o espírito de luta. As amazonas são talvez as mulheres guerreiras mais conhecidas, mas há outros exemplos.

Scathach

Scathach era a "sombria", uma deusa que habitava uma ilha no mar que se estendia à frente da costa da Escócia, e a quem todos os grandes heróis, inclusive Cuchulain, procuravam para ser instruídos nas artes da guerra. Era senhora de habilidades mágicas, podia tornar invencível o guerreiro, e era famosa pelo seu "salto do salmão", que lhe permitia alcançar alturas inconquistáveis. Scathach sugere que as mulheres guardam muitos segredos a respeito da auto-afirmação e do combate.

Fertilidade

Parece quase supérfluo identificar a fertilidade como um aspecto da Deusa, pois isso é fundamental para todas as Suas formas. No entanto, algumas deusas exemplificam essa característica mais do que outras. A escandinava Fréia é um exemplo.

Fréia

As deusas Fréia e Friga são, com freqüência, confundidas, e embora Fréia pareça incorporar a paixão sexual, ao passo que Friga refere-se à maternidade, é possível que elas constituam a mesma pessoa. Fréia governou os Vanir, divindades matriarcais e agrícolas, e foi modelada com base numa deusa anterior, Nerthus, cuja efígie era transportada pelas cidades numa carroça puxada por vacas. Fréia revelou a Odin os segredos mágicos de Seidr – tradições xamânicas e herbóreas. Dizia-se também que Odin era seu marido, em seu aspecto de Odr. As volvas, sacerdotisas dos Vanir, parecem ter sobrevivido às divindades patriarcais que ingressaram no século 9 d.C., e sua prática é revivida na tradição setentrional do paganismo contemporâneo. Como deusa do amor e da morte, Fréia parece de origem muito antiga, e, em seu aspecto de Friga, é a mãe do deus moribundo Baldur, aparentado, pelo que parece, a muitas outras divindades da vegetação, Filhos da Grande Mãe.

Cibele

O culto a Cibele sobreviveu no âmbito da era cristã em Roma. Cibele é uma das deusas mais conhecidas do Oriente Próximo – uma grande mãe-terra, vestida com todas as cores da terra, com grandes seios e carregando cereais e chaves. Amou seu neto Átis, que foi infiel a ela; porém, não havia segredo algum que Cibele não soubesse, pois ela era na verdade a própria terra, que tudo conhece. Átis ficou louco e, no desespero do remorso, castrou-se e sangrou até a morte. Porém, mais uma vez, Átis é uma divindade da vegetação, e embora o mito não mencione especificamente o seu renascimento, ele está implícito na festa de alegria que assinalava a nova estação do crescimento, celebrada em Roma. Iniciados exaltavam-se cada vez mais, amputando seus próprios órgãos genitais em honra da Deusa – prática severamente desencorajada pelos romanos do sexo masculino! Enquanto deusa da loucura sagrada, Cibele incorpora o negro coração da Natureza, e sujeita-se apenas às leis primordiais, que, para a consciência comum, constituem a própria ausência de lei.

Senhora das Feras

Em todas as suas miríades de formas, a Deusa é mostrada em associação com vários animais. Esses animais constituem um "anúncio" do poder da Deusa, uma manifestação do Seu desígnio. Além disso, os animais são símbolos vivos e vibrantes – tótens que podem facilitar o acesso às nossas habilidades instintivas e intuitivas.

O **pássaro** mostra a deusa como Criadora (que põe o Ovo do Mundo) que liga a terra, o céu e as águas nos mistérios do vôo.

A **serpente** sugere, pela sua forma espiralada, passagem para dentro e para fora do mundo visível. Cobras trocam de pele, o que sugere renascimento e ritmos sexuais femininos. Pássaros e cobras aparecem associados com a Deusa desde a Idade da Pedra.

O **leão** mostra o pleno poder da Grande Mãe, imperioso, um feroz protetor e mãe. As deusas egípcias Sekhmet e Bastet (que tem cabeça de gato e representa manifestações mais suaves) vêm à mente.

O **cão**, inteligente, energético, com um sentido quase mágico do olfato, foi relacionado com a Deusa desde a Era Neolítica. Cãos uivam para a Lua, e a Deusa Hécate está ligada a eles.

A **borboleta** é um símbolo de transformação e de renascimento. A forma da borboleta é reminiscente do machado cretense de duas cabeças, o *labris*. Cortando dos dois lados, o *labris* sugere morte e renovação, e também é semelhante aos grandes lábios da área genital feminina.

A **aranha** – muitas deusas são mostradas fiando e tecendo os fios da vida e do destino: Aracne, Atena, Arianrhod e Ariadne são algumas delas. A teia da aranha é uma metáfora para a teia cósmica.

O **peixe**, vindo das águas, significa sabedoria feminina. Muitas deusas vêm do mar, por exemplo Afrodite e a Atargatis síria.

O **porco** é, com freqüência, associado com o Mundo Subterrâneo. A relação do porco com a agricultura pode ter origem no seu hábito de chafurdar a terra com o seu focinho. Animal fértil que, às vezes, devora os filhotes, o porco está associado com a deusa Cerridwen, que simboliza a morte e o renascimento. Cerridwen é representada remexendo um caldeirão com uma poção mágica de sabedoria, destinada ao seu feio filho Afagddu. Ela deixa essa tarefa aos cuidados do pequeno Gwion, mas algumas gotas caem no dedo dele, e por isso ele recebe o dom da inspiração. Cerridwen persegue Gwion, e ambos mudam de forma muitas vezes até que ela o devora como grão de trigo enquanto estava na forma de uma galinha. Nove meses mais tarde, ela dá à luz lendário bardo Taliesin. Desse modo, Cerridwen é uma musa temível mas poderosa. É especialmente lembrada em Samhain, e o símbolo da sua porca é utilizado para representá-la.

O **cavalo** pode exemplificar poder terrestre em estado bruto. Cavalos brancos estão desenhados em muitas encostas inglesas, e a deusa Rhiannon, Égua Branca do Mar, é representada cavalgando um cavalo branco. Diz-se que ela conduz o povo das Colinas Ocas em noites de luar, capturando, com seus encantamentos, mortais descuidados.

O **touro**, com freqüência, representa o Filho-Amante da Deusa, e a cabeça de touro assemelha-se à seção transversal do útero e dos ovários. Vacas e touros estão associados com a fertilidade. O mito indiano narra o nascimento do universo a partir do leite batido da

Deusa, a celeste vaca Surabhi. Na Índia, as vacas são animais sagrados até hoje.

Os animais exemplificados acima são simples amostras de Deusas-animais e de sua significação. Podemos ver a importância de cada um dos animais como Sua dádiva.

Exercício

Talvez o aspecto da Deusa pelo qual mais se anseia seja o da deusa do amor, Afrodite. Se precisamos atrair o amor para nossa vida, podemos dedicar à deusa uma pequena prateleira ou o tampo de uma mesa em nossa casa, decorando-o com conchas e flores. Numa noite de Lua crescente, acenda uma vela cor-de-rosa em seu altar e imagine que o amor está entrando em sua vida. Tente não ser muito específica a respeito do tipo de pessoa, e certamente evite dirigir suas energias para qualquer indivíduo em particular, por mais desejável que ele possa parecer. Se espera amizade, chame a deusa pelo nome de Afrodite-Urânia, ou de sua contraparte romana, Vênus. Se puder fazer isso ao pôr-do-sol, quando o planeta Vênus estiver no horizonte, será muito melhor. Repita isso até que os seus desejos sejam atendidos.

Uma visualização de Afrodite

Os antigos templos de Afrodite estavam localizados em lugares agrestes que naturalmente inspiravam temor numa ilustração sobre a natureza dessa deusa. Se tiver uma pergunta sobre o amor, poderá querer abordar a deusa nesse exercício de visualização — e será muito melhor se puder, antes, gravá-la numa fita cassete. Em primeiro lugar, relaxe, numa posição confortável, e assegure-se de que não será perturbada. Formule sua pergunta claramente antes de começar.

Você está numa praia, coberta de conchas, de seixos e de areia. O oceano azul se avoluma, e as ondas batem em ritmo lento. Olhe ao seu redor e anote tudo o que vir.

Pausa breve

Você percebe um caminho que serpenteia em direção às alturas dos penhascos que se erguem acima da praia. Decide seguir por esse caminho. Você sobe cada vez mais alto. Trechos do caminho de subida parecem traiçoeiros. Gotas transparentes precipitam-se subitamente, descendo em direção à praia. Os seixos deslizam sob os seus pés. Ramos engancham em você e espinhos a arranham. O caminho é íngreme e difícil, e durante todo o tempo você ouve o som das ondas lá embaixo. Continue seguindo por esse caminho e anote tudo o que vir.

Pausa breve

Agora o caminho é plano, e você percebe que está caminhando sobre grama macia. As ondas distantes soam como suaves batidas de tambor, e há um som tilintante, como se carrilhões de sinos eólicos estivessem tremulando na brisa. Belas flores crescem nas margens do caminho, e o ar é doce com a sua fragrância. Logo você atinge uma clareira. Há uma gruta verde oposta a você, cercada por rosas. Arranjos de conchas marítimas adornadas com pérolas estão distribuídos ao seu redor. Dedique algum tempo para conhecer esse lugar.

Pausa breve

Peça que a deusa Afrodite venha até você. Você pode percebê-la, vê-la, ouvi-la ou sentir sua presença. Faça a ela a pergunta que trouxe consigo e espere pacientemente pela resposta, qualquer que seja a forma sob a qual ela venha – você poderá ouvir ou ver algo, ou um símbolo poderá lhe ser mostrado. Não tente fazer qualquer interpretação nesse momento.

Pausa breve

Quando lhe parecer o momento certo, agradeça à deusa e despeça-se. Desça pelo caminho de volta à praia – a descida será mais suave do que a subida. Permaneça um pouco junto ao mar e, então, volte para a sua percepção cotidiana quando estiver pronta para isso.

Escreva a respeito do que vivenciou. Se não entender plenamente o momento, a importância disso por enquanto, poderá entender mais tarde. Se não receber uma resposta ou se a Deusa não vier até você, tente novamente num outro dia. Anote tudo o que tiver visto, ouvido ou sentido, pois pode haver significados que lhe escaparam.

8 A Deusa vive

Para a terra alta elas viajaram
Palavras de verdade e olhos de visão
Cem mil mulheres
E cem mil batidas de corações ...
Vocês dançarão comigo meigas filhas
Dentro dos muitos círculos das nossas vidas
Mantidos juntos por duas batidas de tambor
Tambor do coração da mãe
Tambor do coração da criança

Carolyn Hillyer, "Two Drumbeats", extraído do álbum *Heron Valley*, Seventh Wave Music, 1993

Quando a Idade do Bronze deu lugar à Idade do Ferro, a "consciência guerreira" se intensificou – essa visão orientada para o masculino, para a realização e para a conquista que passou a nos acompanhar desde aquela época. Muitos de nós se sentem infelizes com grande parte do que vêem dos mísseis ao "público-alvo" das vendas embora não estejamos totalmente cientes de quão antiquado isto é, e de como nossas filosofias imaturas ficam para trás em relação a nossas proezas tecnológicas, criando o potencial para um desastre maciço. Em número crescente, as pessoas estão procurando uma nova "consciência da Deusa", que se desprende das conquistas externas e enfatiza a luz interior do Espírito e a interligação de tudo. Ransom e Bernstein (ver Bibliografia recomendada) escrevem: "Numa realidade baseada no masculino, você luta com as Parcas; não reconhece que toda causa e toda realidade baseiam-se em sua própria percepção de si ou em suas respostas ao universo [...] Quando [...] aceita que o poder do nascimento, da morte e da regeneração do Eu está em sua consciência, você está definitivamente no caminho da Deusa."

Nossa ênfase no objetivo não estava "errada", pois nos colocou no caminho do conforto e do progresso. Também tem sido parte de um processo de refinamento da consciência de cada indivíduo no que se refere à unidade. Não seria apropriado tentar voltar ao estado de participação primitiva na natureza, que pode ter sido a regra na Era Paleolítica. Precisamos desenvolver algo novo, que responda às nossas necessidades atuais. Enquanto isso, em nossa jornada ao longo dos séculos, orientada para a ação e centralizada no ego, a Deusa esteve conosco. Escondida, disfarçada, com freqüência demonizada, mal-entendida e temida, Ela esteve presente, mantendo acesa a esperança nos corações que a recebem.

A Deusa no Antigo Testamento

A natureza execrável da mulher é exemplificada em Eva, que tentou Adão com a maçã, contra a ordem expressa de Deus. Isso resultou na expulsão do Jardim do Éden, e as mulheres têm expiado essa culpa durante muitos séculos. No entanto, implicitamente, o poder da mulher é imenso, pois Adão, aparentemente, não tem vontade própria! Essa perspectiva ainda prevalece nas atitudes com relação ao estupro, que são persistentes. O mito de que os homens não são responsáveis por suas ações quando se defrontam com uma mulher sedutora encerra o assunto culpando a mulher e não se estende à questão da auto-afirmação masculina! O sexo foi muitas vezes considerado o tema oculto por trás da expulsão do Éden – um pecado ao qual o homem foi tentado pela mulher. No entanto, há outras interpretações.

A serpente fala com Eva, e a serpente é um símbolo muito antigo e poderoso de sabedoria. Não poderia ser que a mulher tenha levado o homem a uma consciência maior? As mulheres, como portadoras da força vital, agricultoras, semeadoras, segadoras, tecelãs, oleiras, conduziram a raça humana para fora da era de caça e colheita, rumo a uma sociedade em desenvolvimento. Poderia ter sido a qualidade feminina, reflexiva, que diferenciou a consciência, rompendo assim a bem-aventurança da "unidade" primordial? À medida que a raça humana desenvolveu a capacidade para pensar e para desenvolver a noção do Eu, a agonia da separação e o estado de solidão se abateram sobre nós – um sentimento de estar separado do Divino, da totalidade. Isso é e sempre foi assustador, e talvez a mulher fosse o bode expiatório básico. Pode ser, em parte, porque ela está mais perto daquilo que se perdeu. Ou então a culpa da mulher pode residir no fato de que ela, devido à sua identificação mais estreita com o instinto, representa uma ameaça sempre presente à primazia do ego. Conduzindo à separação da participação mística e/ou representando-a, seja como uma ameaça do não-racional esmagador seja como um lembrete da bem-aventurança perdida, a mulher se tornou uma "má notícia".

A linguagem hebraica não tem palavra para Deusa, mas as referências no Antigo Testamento à ira de Jeová para com deuses estrangeiros ficam difíceis de entender se considerarmos que não existiam efígies nem lugares sagrados da Deusa. Quando as tribos judias se estabeleceram em Canaã, muitas delas adotaram crenças mais antigas. Cashford e Baring (ver Bibliografia recomendada) dizem: "Não obstante os esforços dos profetas para erradicar as velhas crenças, a imagem da Deusa sobreviveu. Em Canaã, assim como em países vizinhos, a mitologia da Deusa e de seu Filho-Amante foi o aspecto mais profundamente arraigado da crença religiosa [...]"

Algumas das deusas cananéias eram a Deusa Mãe Asherah, Anath, deusa da caça, e Astarte, Rainha do Céu, que é semelhante à Inanna e à Ishtar. O Antigo Testamento não dá uma idéia real de quão predominante foi o culto a essas deusas. Deusas também aparecem disfarçadas como querubins, e é interessante o fato de que o povo de Israel se refira à "noiva de Jeová", como se esse Deus Pai belicoso precisasse ter uma consorte em algum lugar! O Feminino também aparece como Sofia, Sabedoria, como em Provérbios 3:13-18: "Feliz é o homem que encontra a sabedoria [...] Ela é mais preciosa do que rubis [...] Ela é uma árvore da vida para os que a retêm [...]" De maneira mais notável, o lindo erotismo do Cântico dos Cânticos ecoa o tema do casamento sagrado da Deusa com o Deus, monarca e terra (ou a alta sacerdotisa que representa a terra):

> *Eis que és formosa, ó querida minha, eis que és formosa; os teus olhos são como os das pombas.*
> *Como és formoso, amado meu, como és amável. O nosso leito é de viçosas folhas.*
>
> (1:15-16)

> *A figueira começou a dar seus figos, e as vinhas em flor exalam o seu aroma; levanta-te, amada minha, formosa minha, e vem.*
>
> (2:13)

Desse modo, imagens do Feminino Divino persistiam, e no entanto não eram especialmente cultuadas. A divindade permanecia fora da criação e pronunciou dogmas que foram gravados na pedra. A velha Deusa foi para o subterrâneo.

O Novo Testamento e além

Já mencionamos como Maria, a mãe de Cristo, é uma forma da Deusa em tudo exceto no nome. Cashford e Baring (ver Bibliografia recomendada) nos dizem: "Maria é a Deusa Mãe não reconhecida da tradição cristã." A morte sacrificial de Jesus ecoa temas muito mais antigos de deuses sacrificiais, filhos da Deusa Mãe. Grandes Mães estão associadas com o oceano primordial e o nome de Maria vem da palavra latina para mar, *mare*. Efígies da Virgem Negra persistem na associação da Deusa com a escuridão, com a terra e com a noite – muitos milagres de cura estão ligados com essa imagem. A Virgem Negra também está associada com Maria Madalena, a prostituta, e é essa Maria a primeira pessoa a ver Cristo ressuscitado, confundindo-o com o jardineiro – o "jardineiro" era o nome dado ao Filho-Amante na Suméria. Há sugestões de que Maria Madalena e Cristo eram amantes – nesse caso, seria supremamente apropriado que devesse ser ela a primeira a vê-lo ressuscitado. Às vezes, há confusão entre as "Marias" na Bíblia – poderiam elas ser aspectos da mesma pessoa/deusa?

O cristianismo gnóstico mesclava os elementos místicos das religiões grega, egípcia e hebraica no século I d.C. Isso se prolongou até o movimento cátaro e alimentou o estudo da alquimia e de assuntos correlatos na Idade Média. Sua característica de definição era a crença na "gnose" (isto é, no conhecimento), que significa experiência direta e interior de Deus. Nos evangelhos gnósticos, o Feminino é exaltado como Sofia, a "primeira progenitora, Mãe do Universo" – na Igreja gnóstica, as mulheres podiam ensinar, profetizar e manter os seus postos, e no Evangelho de Maria ela (possivelmente Maria Madalena) é mostrada discutindo com Pedro. Os gnósticos enfatizavam a busca do despertar interior por meio de visão interior e revelação pessoal, em vez de crença. Foram suprimidos pelo imperador Constantino no século 4 d.C. – o mesmo Constantino que é chamado de primeiro imperador cristão e que, não obstante, assassinou o seu filho e ferveu viva sua mulher! A história dos cristãos primitivos parece divergir com freqüência da verdadeira mensagem de amor e renascimento que foi a dádiva de Cristo – essas podem ser vistas como qualidades "femininas", a respeito das quais, naturalmente, não se pode dizer que não estejam igualmente disponíveis aos homens.

Até os dias atuais, a imagem de Maria continua a inspirar católicos. No entanto, a consciência da Deusa está revivendo sob muitas formas, algumas delas especificamente relativas ao culto à Deusa, outras mais geralmente preocupadas com o bem-estar do planeta.

Está se intensificando a percepção da interligação da vida de uma maneira que é, obviamente, mais específica e consciente do que teria sido o caso na Idade da Pedra, e a partir disso provém a preocupação pelo planeta como um todo e pelo bem-estar dos povos indígenas e dos despojados de todo o mundo, e não apenas daqueles mais próximos. Estamos questionando nosso uso dos recursos ambientais e cultivando um respeito ativo pela terra – chamado de "consciência verde". Isso pode ser visto como um retorno de um sentido de "imanência". No entanto, muitas pessoas sentem que não está acontecendo o suficiente, nem com suficiente rapidez. Com relação ao abuso da terra e do Feminino, um velho mito grego nos vem à mente.

Gaia e Urano

Gaia foi a velha Terra Mãe dos gregos, uma das pré-olímpicas. Seu marido era Urano, ou o Céu. Arqueado sobre o seu corpo, ele satisfez o seu desejo de amor e de crianças, e, desse modo, a criatividade de Gaia foi liberada em criaturas que eram maravilhosas e monstruosas. Urano não gostou disso, em absoluto, pois tinha ciúme dos seus filhos, e eles não agradavam os seus olhos. Por isso, insistiu para que fossem colocados de volta no útero de Gaia, para fora de sua visão. Naturalmente, isso foi se tornando desconfortável ao extremo para Gaia, que acabou ficando muito zangada. Ela armou seu filho, Cronos, com uma pequena foice e conspirou com ele uma punição merecida para o seu pai.

Quando o cobertor negro da noite se estendeu lentamente sobre a terra, Urano chegou para se deitar com sua mulher, sem perceber que o seu filho, um dos membros de sua prole desprezada, escondera-se, à espera dele, numa caverna no topo de uma montanha. Ofendido e furioso com a negligência do seu pai, Cronos viu sua oportunidade e o atacou a sangue-frio, cortando os órgãos genitais expostos de Urano. Quando a carne sangrenta caiu na terra, Gaia deu à luz Fúrias, e onde o sêmen misturou-se com o oceano, a amorosa Afrodite se formou. Então, Cronos tomou o lugar do pai como rei dos Deuses, mas não aprendeu com o exemplo de Urano. Ou talvez o fizesse, pois devorou os seus filhos, temendo que um deles o destronasse. Zeus escapou, para realizar essa previsão, tornando-se o último monarca olímpico.

Comentário

Há várias metáforas interessantes nessa história. Uma delas é a de que Urano representa a mente consciente, que com freqüência está infeliz com os estranhos conteúdos das partes instintivas da psique. Desse modo, eles são negados, empurrados de volta para a escuridão e o inconsciente, até que, vejam só, tomam posse de nós numa noite tempestuosa, quando as paixões que não sabíamos que tínhados desencadeado, complexos e obsessões, nos reivindicam ou somos estranhamente bombardeados pelos sentimentos de outras pessoas, enquanto que nós, naturalmente, estamos "acima desse tipo de coisa". Qualidades desprendidas, inspiradoras, são exemplificadas pelo signo de Aquário, regido por Urano. As energias de Urano são bufônicas e eletrizantes, porém muito cerebrais, e as pessoas que têm essas características fortemente acentuadas podem ser muito criativas, e não obstante diferentes do que elas criam, ou completam de maneira adequada ou com o qual se relacionam. O que é criado se equipara às inspirações celestes, porque teve de tomar forma no mundo turvo da matéria, Gaia. À medida que a Idade de Aquário se aproxima, talvez tenhamos de aprender a nos tornar ligados à terra e a ver a sabedoria nas modificações terrestres, em vez de chamá-las de malformadas. Ironicamente, essa tem sido mais uma característica da era precedente, onde todas as coisas formadas de matéria eram inferiores. Talvez agora nossa tarefa seja a de nos tornar realmente conscientes da natureza danosa dessa atitude.

Gaia é o título de um *best-seller* de J. E. Lovelock, que introduz a idéia de que a Terra é um organismo vivo único, de quem a humanidade pode muito bem ser o sistema nervoso e a consciência do Eu.

É intrigante o fato de que estejamos assumindo a posição desprendida de Urano, enquanto espécie, não valorizando a terra, empurrando para dentro dela tudo o que criamos e, não obstante, queremos esquecer, tal como o lixo nuclear e industrial, e querendo acreditar que os pesticidas, a poluição, o desmatamento, e todas as outras caricaturas não existem, porque a maioria de nós não consegue vêlas. Tão preocupados estamos com o "avanço" – e a tecnologia é uma função uraniana – que não vemos que estamos estocando desastre para nós mesmos, o que será inevitavelmente revelado com o tempo. O tempo, naturalmente, é Cronos – daí a palavra "cronologia". Saturno é o equivalente romano de Cronos, e o planeta Saturno é um dos grandes cronômetros do sistema solar, pois os ritmos de Saturno podem ser detectados astrologicamente na vida das pessoas. Saturno, com sua foice, é o Velho Pai Tempo, ou o Ceifador Terrível. Dentre todos os antigos mitos, o de Gaia é talvez aquele no qual devemos prestar mais atenção, antes que o nosso progresso cego seja castrado, deixando-nos, enquanto espécie, quebrados, sangrando e talvez destronados, como Urano, como os dinossauros [...]

Rumo ao futuro

Não é demasiado simples nem extremo afirmar que o culto à Deusa é a única esperança para o nosso planeta. A perda de um sentido de divindade residente, de sacralidade da Terra, de toda a vida sobre ela e de nossa vida cotidiana criou inexoravelmente o atual cenário destrutivo. Isso não significa que todos devam cultuar explicitamente uma deusa, mas significa que um respeito vivo por todas as coisas femininas deve permear, pois somente no nível da alma podemos encontrar cura. As leis têm valor limitado se não houver um sentimento por trás delas, e se as pessoas em seus corações não tiverem um sentido para o que está acontecendo e não se preocuparem com isso.

Temos visto um aumento no número de mulheres em posições de poder, mas isso dificilmente satisfaz a exigência, pois as mulheres também são geralmente centralizadas no *logos*, subscrevendo instituições masculinas, hierárquicas. Ransom e Bernstein escrevem:

As mulheres estão ganhando poder no mundo temporal, o que mudará o equilíbrio do poder mundial. Felizmente, as mulheres apresentarão métodos alternativos de vida cooperativa. Mulheres em número crescente estão ingressando em disciplinas religiosas, filosóficas e espirituais. Situa-se aqui a luta mais árdua. Acreditem ou não, as vitórias mais fáceis para as mulheres são obtidas no mundo dos negócios. A última obstrução será nos corredores das idéias e da influência religiosas. É onde as mulheres terão de travar o duelo mais difícil com a dominação do "arquétipo do Deus masculino" tão firmemente arraigada no subconsciente das massas.

Parece que a tarefa é tanto interior como exterior. Interiormente, precisamos desenvolver "gnose" ou, pelo menos, adquirir respeito pela revelação pessoal, espiritual, de modo que o caminho esteja aberto para que ela nos encontre, quando for o tempo correto. Exteriormente, precisamos reconhecer, no nível do coração, que o planeta é um organismo vivo, de quem nós, enquanto criaturas comparativamente humildes, dependemos para a nossa existência. Isso é reconhecimento que traz alegria tranqüila e totalidade ("santidade") e profunda tristeza pelo que foi feito. Para aqueles de nós que são pragmáticos e literais, a terra sólida pode ser toda a deusa de que precisamos. E precisamos desenvolver um respeito imparcial pelo Feminino em todas as suas ramificações e manifestações – isso significa que também respeitamos o lado feminino dos homens, pois tudo é igualmente aplicável a ambos os sexos.

Muita coisa foi dita e escrita a respeito da Idade de Aquário. Talvez o grande desafio consista em integrar os inegáveis benefícios da tecnologia e da mente empreendedora com os velhos sentidos místicos. Com muita freqüência, as pessoas adotam uma posição de apoio a um lado ou ao outro, mas talvez devêssemos retornar àquele estado de vida sagrada, ou de participação em tudo o que existe, enquanto retemos nossa capacidade para funcionar como indivíduos únicos, lutadores, dotados de consciência egóica. Isso parece significar algo assim como um movimento em direção a uma nova etapa da evolução da raça humana. Para mim, soa como a verdadeira união do macho e da fêmea, da Deusa e do Deus – o casamento sagrado perfeitamente verdadeiro!

Possa Ela, que a todos abençoa, abençoar você!

Exercício

Podemos procurar de muitas maneiras trazer a Deusa para nossa vida. Eis algumas sugestões:

Em primeiro lugar, você pode recapitular algumas das idéias de outros capítulos, tais como a observação dos ciclos lunares e o estudo de seus padrões menstruais, se você é mulher. Outro ponto importante consiste em instalar um pequeno santuário para a Deusa em sua casa, como um espaço sagrado permanente. Ao fazer isso, você estará, literalmente, "dando lugar" em sua vida para a Deusa. Se você criar um espaço, algo o preencherá, algo que significa amor e beleza. Escolha um local conveniente para o santuário da sua Deusa e coloque nele algo que pareça correto para você. De início, você poderá se sentir hesitante, porém, lentamente, sua confiança e sua consciência crescerão no que se refere ao que a Deusa significa para você. Estátuas de Deusas estão se tornando mais facilmente disponíveis em lojas de artigos *New Age*. Escolha uma que lhe seja atraente, que poderá ser uma imagem complexa e cara de Ísis ou uma pedra especial que você encontrou numa caminhada. Uma vela é também uma boa idéia. Você poderá começar a partir daí.

Em segundo lugar, tente ficar consciente do uso da linguagem. Você poderá se sentir forçado a dizer "pelo amor da Deusa" em vez de "pelo amor de Deus", mas vale a pena lembrar que nossas palavras traem nossos preconceitos. Por exemplo, neste livro, fui cuidadosa, quando necessário, em dizer "ela ou ele", nesta ordem, porque o contrário é a norma – e este livro pretende corrigir um pouco o desequilíbrio. Com o passar do tempo, você poderá se surpreender com a maneira como sua percepção se aguçará.

Em terceiro lugar, conheço uma sugestão que, embora muito comum, realmente nos ajuda a cumprir o nosso dever para com o meio ambiente. Não compre "tolices" – artigos que vêm com excesso de embalagens e/ou que sejam desnecessariamente poluentes – recicle, reduza ao mínimo o uso do automóvel, apóie organizações ambientalistas, escreva para o seu representante no congresso, doe o que puder (mesmo que seja muito pouco) a organizações de caridade de sua escolha, e, em geral, fique consciente de como a sua vida afeta o mundo que a cerca. Não há regras para isso, portanto não se torture com sentimentos de culpa. À medida que você abrir seu coração à Terra e a tudo o que vive, suas prioridades lentamente se alterarão.

Em quarto lugar, se estiver ciente da Deusa, demonstre-o. Recentemente, uma famosa atriz agradeceu à Deusa, em voz alta, por um prêmio que recebera, e foi objeto de zombaria na mídia. Quanto mais isso acontecer, menos outras pessoas zombarão e mais poderão tomar conhecimento. Lembre-se de defender a sua verdade quando e onde se sentir capaz, pois poderá ficar surpresa, como eu mesma fiquei, ao constatar como é grande o número de pessoas que concordam com você.

Bibliografia recomendada e Fontes

The Ancient British Goddess, Kathy Jones, Ariadne, 1991.
Deusas inglesas relacionadas com as festas e com as paisagens sazonais. Esse livrinho é um tesouro – muitos desenhos e fotografias.

The Book of Goddesses and Heroines, Patricia Monaghan, Llewellyn, 1989.
Um inestimável livro de referências com informações a respeito de muitas deusas.

The Crone Oracles, Victoria Ransom e Henriette Bernstein, Weiser, 1994.
O caminho feminino para a sabedoria e a antiga tradição de Elêusis interpretados para homens e mulheres da atualidade. É inspirador, agradável de ler e faz sentido.

Descent to the Goddess, Sylvia Brinton Perera, Inner City, 1981.
Escrito por uma junguiana, esse livro explora as implicações psicológicas dos mitos de Inanna e de Ereshkigal. Interessante.

Eclipse of the Sun, Janet McCrickard, Gothic Image, 1990.
Esse livro descreve deusas do Sol e deuses da Lua. A autora tem o sentimento de que a mitologia antiga foi mal interpretada por alguns escritores e que algumas deusas foram reprimidas. Este livro é uma

interessante fonte de informações para os leitores que quiserem saber mais a respeito de deusas solares.

The Fires of Bride, Ellen Galford, The Womens Press, 1986.
Engenhoso, comovente e muito significativo, este romance conta a respeito da redescoberta da Deusa numa remota ilha setentrional. Leitura boa e memorável.

Gaia, J. E. Lovelock, Oxford, 1987.
Esta aclamada obra precisa ser lida por todos aqueles que quiserem entender o nosso planeta.

Goddesses for Every Season, Nancy Blair, Element, 1995.
Um livro delicioso, que descreve uma deusa para cada semana do ano, com um ritual e uma declaração simples para trazê-la à sua vida.

Grandmother Moon, Zsuzsanna Budapest, Harper (San Francisco), 1991.
Um livro sobre rituais, encantamentos e emoções relacionados a deusas lunares. Muito interessante.

Her Blood is Gold, Lara Owen, Aquarian, 1993.
A redescoberta da menstruação como criadora e mágica – são incluídas histórias pessoais de várias mulheres.

Lady of the Beasts, Buffie Johnson, Inner Traditions International, 1994.
Revelador e evocativo. Recomendado.

The Language of the Goddess, Marija Gimbutas, Thames & Hudson, 1989.
Esta é uma obra monumental que inspirou muitas outras. Grande, de capa dura e ilustrada, ela detalha os símbolos e a história da Deusa. Recomendado.

The Mists of Avalon, Marion Zimmer Bradley, Del Rey, 1982.
Romance soberbo e instigante sobre o culto à antiga Deusa nos tempos arturianos.

Mysteries of the Dark Moon, Demetra George, Harper, San Francisco, 1992.
Curativo, imaginativo e erudito, este livro explora os ritmos e os poderes do ciclo menstrual e a deusa negra, poética e miticamente, ensinando as mulheres a reivindicar o seu poder.

The Myth of the Goddess, Evolution of an Image, Anne Baring e Jules Cashford, Arkana, 1993.
Esta é uma obra definitiva, fascinante e de grande alcance. Embora longa, é leitura essencial.

The Sea Priestess, Dion Fortune, Aquarian, 1989. [Em português, *A Sacerdotisa do Mar*, Editora Pensamento, 1988].
Um dos principais romances ocultistas do século. Outros romances da mesma autora também merecem ser lidos.

The Thirteen Original Clan Mothers, Jamie Sams, HarperCollins, 1994.
Sabedoria feminina dos nativos norte-americanos ensinada de maneira leve e inspiradora. Um livro adorável.

Voices of the Goddess, editado por Caitlin Matthews, Aquarius, 1990.
Comoventes relatos feitos por sacerdotisas atuais.

The Wise Wound, HarperCollins, 1994; *Alchemy for Women*, Rider, 1995; Penelope Shuttle e Peter Redgrove.
Leitura essencial a respeito do ciclo menstrual, seus mistérios e significados.

Witchcraft – A Beginner's Guide; *Paganism – A Beginner's Guide*; *The Moon and You for Beginner's*; Teresa Moorey, Hodder & Stoughton, 1995;
The Wheel of the Year – Myth and Magic Throughout the Seasons, Teresa Moorey e Jane Brideson, Hodder & Stoughton, 1997.
Todos estes livros são relevantes para o atual culto à Deusa – *Paganism* é especialmente bom para fontes.

The Witches' Goddess, Janet e Stewart Farrar, Phoenix, 1987.
Obra interessante a respeito de diferentes formas da Deusa, com rituais para inspirar. Listagem alfabética de mais de mil deusas. Muito útil.

Women in Celtic Myth, Moyra Caldecott, Destiny, 1992.
Velhos mitos trazidos à vida e comentados. Boa leitura.

Women Who Run With the Wolves, Clarissa Pinkola Estes, Rider, 1993.
Escrito por outra autora junguiana, este é um livro liberador, recorrendo a lendas para ilustrar o valor do lado selvagem das mulheres e para reivindicar o verdadeiro poder feminino. Obra estimulante.

We'moon Diaries
Mother Tongue Inc., PO Box 1395, Estacada, Oregon, USA.
Tel: 503-630-7848.
A cada ano, um diário é compilado com contribuições de talentosos autores, explorando e celebrando os ritmos da Deusa. Este diário é um companheiro inestimável ao longo do ano.